Couvertures supérieure et inférieure
en couleur

COUVERTURES SUPERIEURE ET INFERIEURE D'IMPRIMEUR.

LES PIEDS FOURCHUS

ŒUVRES DE GUSTAVE AIMARD

A 3 FRANCS LE VOLUME

LES CHASSEURS MEXICAINS, avec gravure . . .	1 vol.
DOÑA FLOR	1 vol.
LES FILS DE LA TORTUE, 2ᵉ édit., avec gravure .	1 vol.
L'ARAUCAN, 2ᵉ édit., avec gravure	1 vol.

A 2 FRANCS LE VOLUME

UNE VENDETTA MEXICAINE, avec gravure . . .	1 vol.

OUVRAGES GRAND IN-4° ILLUSTRÉS
Voir le Catalogue général

GUSTAVE AIMARD & JULES B. D'AURIAC

A 1 FR. 25 LE VOLUME

L'AIGLE-NOIR DES DACOTAHS	1 vol.
LES PIEDS FOURCHUS	1 vol.
LE MANGEUR DE POUDRE	1 vol.
L'ESPRIT BLANC	1 vol.
LE SCALPEUR DES OTTAWAS	1 vol.
LES FORESTIERS DU MICHIGAN	1 vol.
ŒIL-DE-FEU	1 vol.
CŒUR-DE-PANTHÈRE	1 vol.
LES TERRES D'OR	1 vol.
JIM L'INDIEN	1 vol.
RAYON-DE-SOLEIL	1 vol.

Note de l'éditeur. — Tous les ouvrages de la collection à 1 fr 25 seront édités dans le cours de l'année 1878.

651. — Abbeville. — Typ. et stér. Gustave Retaux.

GUSTAVE AIMARD ET J.-B. D'AURIAC

LES PIEDS

FOURCHUS

PARIS

A. DEGORCE-CADOT, EDITEUR

9, RUE DE VERNEUIL, 9

Tous droits réservés.

LES
PIEDS FOURCHUS

CHAPITRE PREMIER

UN MYSTÈRE

Les nombreuses superstitions qui régnaient dans la Nouvelle-Angleterre, avant la guerre de l'Indépendance, ont survécu dans beaucoup de contrées. Malgré les progrès de la civilisation, elles maintiennent leur empire sur l'inculte population des frontières.

Si l'on eût consulté l'almanach, le printemps était arrivé ; mais on pouvait se croire en plein hiver dans le District du Maine, si l'on regardait les neiges entassées sur les montagnes, les glaces flottant sur le cours des rivières, sur les ondes paisibles des lacs ; l'horreur sombre des brouillards serpentait jour et nuit sur les montagnes, l'âpre concert des tempêtes rugissait dans les grands bois, le désert était sillonné par les tourmentes.

Au lieu de l'aubépine joyeuse, des fleurs de mai, des jeunes pousses de l'Érable à sucre, on voyait partout un blanc manteau de neige : c'était la joie des enfants, qui, peu soucieux de la saison, bâtissaient des maisons fondantes, se lançaient des boules faciles à briser, glissaient, tombaient et se poursuivaient joyeusement, se lançant en l'air leurs chaudes haleines qui formaient de petits nuages éphémères.

Cependant, à l'hôtellerie de l'Oncle Jerry, nonobstant nuages et tempêtes, se faisaient de merveilleux préparatifs de noces. Tous les voisins du New-Hampshire et du Vermont, à quarante milles à la ronde, étaient prévenus qu'on ne pouvait manquer un tel rendez-vous, les sentiers fussent-ils rompus, les passages des montagnes interceptés, les ruisseaux débordés; jamais pareille assemblée n'aurait été vue, depuis l'inauguration de la nouvelle église.

Confortablement installée à la cime d'un « bon et honnête côteau, » la vieille maison était vaste mais laide : on y trouvait toutes les dépendances qu'exige la paisible installation du voyageur : écuries, remises, étables, bassins, et jusqu'au grand banc de pierre où l'on se repose au soleil tout y était au grand complet.

Et elle n'était pas trop grande lorsqu'on y célébrait une noce, une fête militaire, une réunion de trappeurs, ou lorsque quelques amis éprouvaient le besoin d'être en la compagnie de l'oncle Jerry.

On l'appelait souvent « le Brigadier ; » d'autres le surnommaient « le Quadrumane. » Ce dernier sobriquet faisait allusion à sa stature gigantesque et à sa force prodigieuse ; c'était une flatteuse assimilation avec l'orang-outang, ce terrible hôte de l'Afrique centrale.

Il faut convenir qu'avec ses deux mains il faisait l'ouvrage de quatre, malgré son grand âge, qu'il s'agit de labourer, charpenter, bûcheronner ou boire.

Tout voyageur passant dans un rayon de cinquante milles venait rendre visite à l'oncle Jerry ; on installait chez lui mulets, chevaux, voitures, femmes, filles ou sœurs ; et cela sans gêne ; il suffisait de lui dire « s'il vous plaît ! » Le Brigadier objectait-il que son auberge était remplie, on restait quand même : on campait dans les cours, dans les greniers à foin, dans les magasins de paille ; les couvertures des chevaux servaient de tente ; il y en avait qui couchaient sous le manteau de la vaste cheminée.

Souvent des personnages qu'il n'avait jamais vus, qu'il ne devait jamais revoir, venaient gravement s'attabler chez lui, comme usant d'un droit indiscutable, et disparaissaient sans dire merci. Le vieux bonhomme, quoique né quaker, était connu pour le méthodiste le plus hospitalier de la contrée ; de plus, il était un peu magistrat, ses portes étaient toujours ouvertes même pour le vagabond le plus délabré.

Tout ce monde là allait et venait, non-seulement sans lâcher un mot de ses affaires, mais encore sans se laisser voir pour ainsi dire, et ordinairement sans faire connaître son nom. On pouvait y reconnaître des « friends, » se rendant au « meeting » le plus proche, ou à quelque marché: des « méthodistes, » prêcheurs en plein air ; des étrangers qui avaient entendu parler du sire Jérémiah, et qui venaient vérifier de leurs propres yeux, le point intéressant de savoir si tout était gigantesque comme on le disait, l'hôte et l'hôtellerie.

L'Oncle Jérémiah était né quaker, ainsi que nous l'avons dit, dans les environs de « Porchmouth » (Portsmouth.) Nous avertissons le lecteur que cet homme considérable avait un faible, consistant à prononcer l'anglais comme un flamand ou un allemand : il aimait à « germaniser » dans le langage.

Sa patrie, néanmoins, était le New-Hampshire : ayant épousé, en premières noces, une jeune et jolie méthodiste, pour lui plaire il se lança dans les affaires de milice qui l'entraînèrent si loin qu'il fallut quitter le pays. Sans proférer une plainte, sans dire un mot, le Brigadier prit délicatement sa chère petite femme sous un bras, sa petite malle sous l'autre, et disparut aussi soudainement et aussi mystérieusement que si la terre l'eût englouti comme les fils d'Éliab : son départ devint une légende chez les méthodistes.

Toute une génération grandit et vieillit sans avoir reçu de ses nouvelles ; à la longue, on finit par ne plus s'en occuper ; le bruit courait qu'il avait émigré du côté de l'Est et que là, il dirigeait une grande et belle ferme du District du Maine ; on disait encore qu'il s'était établi près de la Baie des Français, où il avait épousé une seconde, et peut-être une troisième femme beaucoup plus jeune que lui.

On faisait encore, sur son compte, les commentaires les plus étranges et les hypothèses les plus mystérieuses ; et plus d'un esprit faible se sentait effrayé en l'approchant : sans doute, ses larges épaules et sa nature colossale étaient de nature à inspirer des sentiments sérieux et circonspects. Cela n'empêchait point les curieux de chuchotter sur lui, de le comparer au Juif-Errant, et même, « en vérité » de se demander s'il ne serait point le Juif-Errant en personne. Car, avait-il ou non cent trente ans...? C'est ce qu'on ne pouvait décider... Mais on pouvait croire, d'après ses discours, qu'il avait servi dans la guerre de l'Indépendance ; il pouvait bien avoir vu le siége de Louisbourg, la mort de Montgomery ou celle de Wolfe ; peut-être avait-il connu le père d'Aaron-Burr, et avait-il piloté le fils dans le désert du Nord, sur la route de Kennebec lorsqu'il courait au secours de Montgomery ; il n'était pas impossible qu'il eût été à l'école de Bénédict Arnold ; et sûrement il devait connaitre le secret du fameux trésor du capitaine Kidd.

Ce qu'il y avait d'affligeant, c'est que le bonhomme, avec son allure pesante et tranquille, ne disait que ce qu'il voulait, et parfois, après quelques mots brefs, regardait ses interlocuteurs dans le blanc des yeux, de façon à les déconcerter.

Une fois le ministre tressaillit de joie : il put croire que le brigadier allait trahir son secret. On parlait d'Ethan Allen et de la prise de Ticonderoga. Les yeux du vieillard étincelèrent, il lâcha quelques phrases indiquant qu'il aurait combattu parmi les « Gars de la Montagne-Verte, » aux côtés du terrible Vermonter lorsque celui-ci foudroya le commandant anglais par la réponse commençant ainsi : « Au nom du Dieu tout-puissant » et du Congrès Continental... » Alors, raconta le Ministre, alors, le vieillard emporté par le feu de ses souvenirs s'oublia un instant... mais pas assez pour satisfaire notre curiosité, et depuis, cela ne lui est plus arrivé.

Une chose certaine, c'était qu'il possédait une belle ferme, obtenue à des conditions parfaitement ignorées ; de plus, il avait quelque juridiction seigneuriale et judiciaire on ne savait pourquoi : cela faisait également chuchoter, et même hausser les épaules. Néanmoins on ne savait rien de clair sur toutes ces matières, malgré la persévérance canine que la meute des curieux mettait dans ses recherches.

En définition, l'Oncle Jerry était plutôt craint qu'aimé : cependant comme habituellement il disait ce qu'il pensait, il faisait ce qu'il disait, on ajoutait foi à ses paroles. D'autre part il n'inquiétait personne pour opinions politiques ou religieuses, laissant chacun libre comme il voulait l'être lui-même : il resta donc en bons termes avec les « Amis » qui lui pardonnèrent ses deux ou trois mariages, et le traitant toujours comme un des leurs, continuèrent de l'appeler « Jeremiah. » De tout cela il résultait que l'Oncle Jerry était en butte à tous les désagréments qu'éprouve un chef de taverne, sans y joindre les bénéfices d'un seigneur. Mais, tout plein de courtoisie chrétienne, et conciliant par nature, il se faisait tout à tous, pourvu qu'on ne l'ennuyât pas trop ; gardant son chapeau sur sa tête, dans sa maison ; disant *tu* et *toi* avec les Quakers, quelque fois même avec sa femme. D'ordinaire il affectait de parler le langage du peuple, et quelquefois il en faisait usage avec une verve et une saveur toute martiale.

Et maintenant supposons le rideau levé.

La famille est à table se disposant au repas ; l'Oncle Jerry est plongé dans un vaste fauteuil en cuir ; un bol plein de lait et de rôties de pain noir grillé est devant lui ; sur un réchaud bouillonne une grande mesure de cidre ; un plat de pommes cuites complète la symétrie du service. A côté du Brigadier est un immense échiquier garni de ses pions, comme si un partenaire était attendu. Et en effet, il ne craignait personne au « noble jeu, » dans tout le voisinage on savait bien que l'honorable « squire » n'avait pas encore trouvé son homme.

Autour de la cheminée qu'illumine un feu pétillant, sont rangés des bancs en bois, des blocs en troncs d'arbres servant de tabourets aux enfants, et une armée d'ustensiles de ménage.

Au coin du foyer est assis un grand jeune homme, au visage pâle et sérieux, aux longs cheveux, boutonné jusqu'au cou comme un prédicateur méthodiste ; il est tellement absorbé dans la contemplation d'une ardoise toute griffonnée et d'un gros livre, qu'il reste complétement étranger à la conversation.

Un peu plus loin de l'âtre est une jeune femme

aux longs et abondants cheveux noirs, aux yeux brillants, mais au sévère visage ; autour de sa bouche se joue une espèce de sourire sarcastique, déplaisant, et triste. Son pied tient en respect un rouet à filer, pendant qu'elle dispose une botte de lin autour de sa quenouille.

A côté d'elle est assise la tante Sarah Hooper, ou la grand'mère comme on l'appelle ; devant la vénérable matrone est un baquet plein de pommes qu'elle pèle et coupe en morceaux pour faire une marmelade.

Le plancher, soigneusement sablé, frotté, balayé, balayé artistement avec un balai de cigüe combiné à cette intention, offre à l'œil les dessins onduleux d'une petite mer agitée, tant le sable a été semé avec symétrie. Cette mosaïque du balai est du *dernier* genre et du suprême bon goût ; la gentilhommerie du voisinage a adopté cette mode.

Deux ou trois brassées de sapin résineux, mélangées à d'autres broussailles toutes incrustées de neige et de glace, sont empilées dans un coin. Au dehors, gronde la tempête qui ébranle le vieil édifice jusque dans ses fondations ; une neige fine et serrée crépite sur les vitres, on dirait la grêle ou des coups de becs d'oiseaux. Il fait bon de se pelotonner au coin de ce bon feu brillant et chaud dans cette cuisine bien close, sous ce toit hospitalier.

Toute la famille était depuis quelques moments dans un profond silence, lorsque, dans le vestibule, s'élevèrent soudain des clameurs confuses suivies d'un tumulte extraordinaire. Le brigadier sauta sur son siége, et poussa une formidable interjection ; son petit banc roula au loin sur le plancher.

— Ho ! là ! Ho ! qu'est-ce qu'il y a encore par là?... grommela-t-il ; je croyais les enfants couchés depuis au moins une demi-heure.

— Voyez çà vous-même, mon mari ! ils ne m'écoutent pas, moi, répliqua la Tante Sarah, en activant son fuseau d'une main, pendant que de l'autre elle rajustait ses lunettes ; oh ! les méchantes petites pestes !!

— Boule de neige, grand'Man, crièrent plusieurs petites voix fraîches et animées ; en même temps, avec de bruyants éclats de rire, une demi douzaine de diablotins des deux sexes firent irruption dans la salle.

— Merci de nous ! s'écria la jeune femme aux cheveux noirs, que faites-vous donc?

Par la porte grande ouverte, la troupe turbulente poussait avec grands efforts une masse énorme, statue de neige glissant sur ses pieds comme sur des traîneaux. Le colosse effleura en passant les lunettes de la grand'mère ; donna un soufflet sur la joue de la jeune femme occupée à garnir de pommes une large étagère, et vint s'abattre tête première sur le jeune homme qui, depuis une heure, s'exténuait à dessiner aux méchantes clartés d'une branche fumeuse de pin. La maison trembla sous cette chûte, de la cave au grenier ; l'ardoise, chargée de scientifiques hiéroglyphes, tomba par terre et se brisa malgré son cadre aux coins argentés ; le livre vola dans les cendres ; un nuage de vapeur et de neige obscurcit l'air : le fragile chef-d'œuvre venait de se briser en mille morceaux.

La jeune femme recula en poussant un faible cri ; le jeune homme ne dit rien, ne fit même pas un geste d'impatience ; il se contenta de regarder avec un triste sourire les débris lamentables de sa pauvre vieille ardoise ; il se hâta de ramasser trois ou quatre feuillets, qui, échappés de son livre, volaient vers le feu. Néanmoins un éclair fugitif s'était allumé dans ses yeux, mais il avait aussitôt disparu, plus éphémère qu'une étincelle.

— Qu'est-ce donc encore? s'écria la tante Sarah, voyez ce que vous avez fait, petits fléaux ! Voyez ! affreux polissons ! voyez ! race endiablée ! les *figures* de Master-Burleigh sont toutes éclaboussées, et son ardoise est perdue !

Le jeune homme releva la tête, sans faire attention aux ruines éparses du « bonhomme de neige » ; ses grands yeux expressifs se fixèrent sur la jeune femme avec inquiétude : celle-ci répondit par un sourire, et regarda la porte entr'ouverte comme si elle se fût attendue à voir entrer quelqu'un.

— N'y pensons plus. Tante Sarah, dit-il d'une voix basse et douce, en rejetant en arrière sa belle chevelure noire, d'un mouvement de tête ; la pauvre ardoise avait vu de meilleurs jours avant d'arriver en ma possession.

— Ton père s'en était servi longtemps, hein ? demanda l'Oncle Jérémiah.

— Oui ; et... et... il se servait aussi du vieux Pike, murmura le jeune homme d'une voix émue en détournant son visage de la lumière.

Le « Squire » hocha la tête en signe d'assentiment ; la Tante Sarah poursuivit :

— Mais, le vieux Pike est hors de service, Master-Burleigh...

Et ôtant ses lunettes elle les essuya avec componction.

— C'est vrai, soupira le maître d'école partageant l'émotion de la bonne Tante Sarah...J'aimais cette ardoise parce qu'elle avait servi à mon père.

Ces derniers mots furent dits d'une voix tremblante. La jeune femme quitta son rouet, et s'approchant de lui, posa sa main sur son épaule : un douloureux sourire lui répondit.

— Et tu as raison, Iry Burleigh, répliqua le brigadier, car ton père était fameux aux échecs, au trictrac, à tous les jeux ; je n'ai jamais vu son pareil.

— Et son écriture ressemblait à l'imprimé, continua la Tante Sarah; Iry est la vivante image de son père... je m'en souviens... il me semble le voir au lutrin, avec sa superbe, longue et soyeuse chevelure, avec ses grands yeux solennels, et son allure sérieuse.

Le maître d'école avait recueilli les débris de l'ardoise, il s'exerçait patiemment à les rajuster l'un à l'autre ; quand il eut fini, il les contempla en silence.

Tout-à-coup un tumulte extraordinaire s'éleva dans l'escalier, des cris et des trépignements troublèrent la conversation ; un bruit semblable se fit entendre dans les chambres de l'étage supérieur; enfin le même tapage se reproduisit dans le cellier, puis dans le grenier à fourrages.

Le Brigadier échangea un regard avec sa femme, le maître d'école avec la jeune femme, mais personne ne bougea.

— Femme, va donc voir ce qu'ils font encore, dit le Brigadier.

— Que n'y vas-tu toi-même? Après tout, ce ne sont pas mes enfants ; ils me rendent la vie malheureuse ! Je le déclare, quelquefois je ne sais si je marche sur mes pieds ou sur ma tête.

— On s'y fait avec le temps, femme.

— Oh ! jamais, jamais ! Je pense qu'ils sont écervelés !

— Pooh ! Pooh ! fit le Brigadier en se renversant sur son fauteuil avec un rire caverneux plus semblable au glouglou d'une énorme bouteille qu'à la voix humaine.

Quand il eut donné cours à son hilarité, il trouva bon de commencer ses préparatifs pour se mettre au lit, et déboutonnant son pantalon étala autour

de sa vaste personne, sa longue et ample chemise :
puis, il déboucla ses jarretières. Alors, douillette-
ment étendu sur son siége, il promena lentement
autour de lui ses yeux bleus-clairs, enfin il les
fixa sur la jeune femme d'une façon significative,
comme s'il y avait eu un moyen mystérieux de
correspondance entre eux. Elle rougit faiblement
et regarda Burleigh par-dessus son rouet ; mais
en rencontrant ses yeux, elle détourna ses regards
avec une sorte de tressaillement, comme si elle
eût été mécontente d'elle-même.

— Encore ! les voilà encore ! s'écria la Tante
Sarah, personne n'ira donc pas voir ce qu'ils font ?
Lucy, mon enfant, voulez-vous ?... avant qu'ils
mettent la maison sans dessus dessous.

Lucy se leva en sursaut, et renversant une
lourde chaise, courut à la porte d'entrée, suivie
du Brigadier qui marchait les mains sur les
hanches, par rapport à ses rhumatismes, disait-
il, et qui la poursuivait de son œil malin.

Il était facile de deviner à ses lèvres plissées, à
l'allure tourmentée de son chapeau écrasé d'un
coup de poing sur l'oreille, que l'Oncle Jerry
ne détestait pas le bruit, et ne partait en guerre
que pour la forme, c'est-à-dire pour apaiser la

grand-mère : au fond, les instincts égrillards de sa progéniture lui agréaient fort. S'il eût été maître de la situation, il en aurait fait tout juste pour satisfaire sa femme, et enhardir les gamins. Sans quitter son fauteuil où il aurait piétiné un instant, il aurait mis son chapeau de travers, roulé de gros yeux ; puis il aurait ri, à laisser rouler ses béquilles sur le plancher : tout cela au grand scandale de Watch le vieux chien de garde blotti dans les cendres.

Mais Lucy et le Brigadier arrivèrent trop tard : à leur approche les enfants avaient dégringolé l'escalier, criant, riant, se culbutant, les mains pleines de neige.

Dans le corridor, il y avait deux ou trois sentiers neigeux attestant que cette petite racaille y avait passé, les uns pieds nus, d'autres en sabots, les poches pleines de provisions fondantes qui s'étaient semées en route, mais que faire ? le mal était accompli ; dans leur fuite, les petits scélérats avaient emporté jusqu'à leur lit.

— En vérité ! dit la Tante Sarah, à la vue de tout ce criminel dégât, je ne supporterai pas cela plus longtemps. Je vais mettre demain toute cette vermine à la porte.

— Oh ! tu ne voudrais pas, mère !

— Je ne voudrais pas ! oui-dà ! vous le verrez ! vous le verrez ! Brigadier Hooper.

Le vieux Squire savait bien à quoi s'en tenir sur ce point ; il connaissait l'excellent cœur de sa bonne femme : bien crier, bien oublier, c'était ça, et tout était pour le mieux.

— Oh ! Seigneur ! encore ! cria-t-elle une dernière fois, peu d'instants après que tout le monde fut rentré dans la cuisine, Lucy, courez là-haut, chère, parlez-leur, couchez-les, dites-leur d'être de gentils enfants, et de ne pas faire mourir leur pauvre grand-mère de chagrin.

Lucy partit de nouveau, tirant derrière elle un peloton de laine bleue : le petit chat trouva bon de quitter la place où il se rôtissait à loisir, pour faire des farces avec ce jouet imprévu : Watch ne vit point cela de bon œil ; quoique ayant beaucoup vécu, il n'aurait jamais eu la faiblesse de commettre une telle inconvenance ; se bien chauffer. le nez entre ses deux grosses pattes de devant, telle était sa préoccupation sincère.

Lucy en arrivant au grenier trouva les enfants dans un étrange pêle-mêle . l'un avait les pieds sur l'oreiller ; deux autres étaient en croix sur le bord du lit; tous affectaient d'être plongés dans un profond sommeil, ronflant, souillant à qui mieux mieux. Ils s'étaient fourrés dans le premier lit venu, dans leurs plus bizarres accoutrements : le plus jeune, vêtu d'une chemise en flanelle jaune avait étalé sur le traversin ses petits talons rouges et humides; tout en suçant avec ardeur son pouce mouillé, il pétrissait une boule de neige pour en faire un bonhomme; mais il ne pouvait réussir.

Les filles avaient jeté leur dévolu sur les deux meilleurs lits des plus belles chambres, et s'étaient disposées pour la nuit, en apparence du moins : jupons, casaques, tout était éparpillé sur une commode; mais, sur les couvertures, on avait façonné sournoisement des tartes, des pâtés, des gâteaux de neige, et on attendait qu'ils fussent cuits pour les manger.

Tout ce joyeux petit peuple ne s'inquiétait guère du vent furieux qui faisait frissonner la maison, gémir les volets, grincer la girouette; pendant que les grands sapins balançaient leurs longues tiges sifflantes, que la neige brillante argentait montagnes et vallées, chaque enfant était si absorbé dans ses graves manipulations de neige, qu'il ne prenait garde qu'au bruit sourd de la porte, la porte de Tante Sarah, et aux bonds triomphants du voisin dans son lit.

Il suffisait à ces jolies petites créatures d'être couvées par l'œil paternel, dans une bonne chambre close; avec une fête, une noce! en perspective, pendant laquelle tout serait en l'air dans la maison. Bien sûr! ils allaient s'en donner à cœur joie! on taquinerait le cousin Luther, Hooper, la tante Loo-Loo, le vieux Watch, ce cher vieux Watch, et le reste de la famille. Et puis, quel bon temps on allait avoir avec les jeunes veaux, les petits agneaux! avec les pommes d'hiver, les noix, les gâteaux, les flans, les fritures, et mille autres bonnes choses! — « Oh my! » — sans compter les culbutes dans la neige, les rondes autour du poulailler et de ses œufs, les glorieuses dégringolades sur les meules de foin, depuis le toit jusqu'à terre. Après l'orage, il y aurait de la glace, et on irait en traîneau, du sommet de la colline jusqu'à la rivière, franchissant comme une flèche, troncs d'arbres, clôtures, broussailles, sans respirer, sans prendre haleine.

Oui, elles étaient trop occupées ces petites têtes pour penser à autre chose.

— Gamins ! polissons !

— Grand-mère ! ce n'est pas moi ! criaille la troupe remuante, en se fourrant au hasard dans les lits, comme une nichée de poulets effrayés.

— Au lit ! méchante race ! au lit, de suite ! dit sévèrement Lucy en tirant les couvertures et jetant par terre leurs chefs-d'œuvre de neige.

— Ah ! très-bien ! voyez ce que vous faites, dit l'aînée en se couvrant la tête avec les draps : je vous déclare que vous devriez rougir de vous-même, cousine Loo ! voilà sur le plancher nos gâteaux, nos tourtes glacées, nos brioches ! c'est joli ce que vous avez fait là !

— Pas un mot de plus, Jerutha Jane Pope, répondit la cousine Loo, ayant peine à garder son sérieux lorsqu'elle entendait cette grande fille prendre ainsi la chose sur un ton grave ; si je vous entends encore j'amènerai grand'mère. Ah ! voilà grand'père lui-même ! il écoute en bas. Ce que vous avez de mieux à faire, c'est de vous tenir tranquilles.

Un coup de sifflet aigu arrivé de l'escalier, suivi des pas pesants de grand'père, produisit un effet magique. Les chuchottements s'éteignirent, tout rentra dans le silence et l'immobilité.

La cousine Loo descendit triomphante pour raconter son succès et s'asseoir auprès d'une corbeille de pommes qu'elle préparait pour le marché.

CHAPITRE II

QU'EST-CE QUE C'ÉTAIT ?

L'Oncle Jerry se renversa confortablement dans son fauteuil, plaça ses béquilles à ses côtés, quitta son large chapeau de Quaker, et se mit à dénouer le ruban blanc qui réunissait par derrière ses longs cheveux argentés, une réminiscence de la vieille passion militaire.

Tout-à-coup dans la pièce voisine, s'éleva le tintement d'une vieille horloge, silencieuse depuis plus de douze mois... *un, deux, trois*... puis un long silence..: *un, deux, trois*... encore une pause..: *un*,... et ce fut fini. Ce carillon inattendu était si grinçant, si bruyant et tellement sinistre, que chacun leva la tête, et regarda avec étonnement du côté où pareil bruit venait de surgir.

— *Sept* seulement ! fit l'Oncle Jérémiah en sortant de sa poche un *oignon* de type antédiluvien : pourquoi le vieil horloge parle-t-il ainsi, après avoir été muet si longtemps ? Je pense qu'il a perdu l'esprit.

— Moi aussi, dit la Tante Sarah ; je ne l'avais point entendu bavarder ainsi depuis le jour où nous avons enterré la femme du ministre qui logeait précisément dans cette chambre ; et vous, Lucy, l'avez-vous entendu...?

— Non, Tante Sarah; et je suis sûre que, depuis ors, il n'avait pas sonné.

— Ouais ! continua l'Oncle Jérémiah; moi je dis que c'est un peu étrange ! mistress Moody ne mourut-elle pas juste au bout de *sept* jours, femme ?

— Certainement ! au moment même où l'horloge tintait.

— Et que dites-vous de cela, Master Burleigh?

— Je trouve que c'est une singulière coïncidence.

— Mais comment se fait-il que l'horloge sonne après un si long silence; hein ?

— Oh ! les enfants y ont fourré la main, j'ose le dire.

— Et moi, je jurerais que Jeruthy Jane Popo a planté son doigt dans le pâté ; elle se trouve toujours mêlée à quelque sottise, dit la Tanto Sarah.

— Oui; mais comment arrive-t-il qu'il a sonné juste sept heures? demanda Lucy.

— L'explication est facile, répartit le maître d'école ; l'enfant a lancé la machine dont les aiguilles se trouvaient sur cette heure-là.

— Pauvre moi ! pauvre moi ! dit l'Oncle Jéré miah, je suis si éveillé en ce moment, que si je me mets au lit je ne pourrai fermer l'œil.

— C'est un fait, père, répliqua sa femme que toute la nuit vous avez été agité ; l'orage a bien su nous tenir éveillés.

— Mais, que vais-je faire? Si le voisin Smith, ou le voisin Hanson étaient plus proches, nous ferions une partie d'échecs : Ha-ho ! ajouta-t-il en bâillant, et jetant une de ses béquilles à terre.

A ce bruit inusité le chien leva la tête en grognant; ensuite il agita la queue mais discrètement, car il ne lui fit frapper que trois coups sur le plancher, trois coups solennels, comme s'il eût répété une leçon donnée par l'horloge.

— C'est pitié, Iry, continua le Brigadier, que tu ne saches pas jouer ; toi dont le père était de première force.

Le maître d'école sourit.

— Peut-être pourrais-tu faire une petite partie, si je te rendais un pion ou deux : hein ?

— Non, merci. Je ne reçois jamais de tels avantages : si je joue c'est au pair.

— Oh ! oh ! répliqua le vieillard ; je t'entends, tu aimes l'égalité, hein !

Et il tira l'échiquier à lui pour y placer les pions, tout en souriant malicieusement. Master Burleigh se plaça vis-à-vis de lui avec un sérieux imperturbable ; la partie commença.

Mais après quelques coups, le Brigadier qui, d'abord, avait joué négligemment, se mit tout-à-coup à hésiter; au contraire, son adversaire, après avoir méticuleusement serré son jeu, était arrivé à s'emparer du milieu de l'échiquier ; dès-lors il marcha rapidement, serrant de près le Brigadier, sans lui laisser le temps de respirer.

De leur côté, la Tante Sarah et Lucy avaient entamé à voix basse une conversation qui s'animait au fur et à mesure que le jeu captivait les deux partenaires.

La tempête redoublait de rugissements.

Bientôt le Brigadier commença à donner des signes de malaise, il s'agitait sur sa chaise, se pinçait le menton, respirait bruyamment, écartait les jambes, et ne dissimulait point qu'il était mécontent de lui-même. Au moment de jouer, et pendant que son imperturbable antagoniste l'attendait patiemment, il resta en méditation, l'index posé sur un pion, ne sachant qu'en faire, et craignant de l'avancer. Après avoir changé deux ou trois fois d'avis, il retira vivement la main, renversa d'un coup de pied son petit banc; après cela il parut respirer plus à l'aise.

— C'est à vous de jouer, sir; dit paisiblement le maître d'école.

— Jouer! où donc? Ah! je vois; mais, suis-je forcé de jouer?

— Certainement; vous savez bien qu'on ne *souffle* pas à ce jeu-là.

Le Brigadier joua, affectant un air mystérieux et satisfait, en homme content de dresser un piège. Cette mimique aurait presque trompé sa femme, belle joueuse avant son mariage, si en regardant son mari, elle n'avait pas surpris comme un nuage errant sur ses traits inquiets;

elle en conclut qu'il avait de graves appréhensions sur l'issue du combat.

En effet, la partie se termina en quelques coups : l'Oncle Jerry n'eut que le temps de se débattre tant bien que mal ; son flegmatique adversaire perdit volontairement deux pions, mais avec les trois qui lui restaient, en rafla cinq au Brigadier vaincu.

La Tante Sarah, stupéfaite, regarda son mari.

— Où diable as-tu pris ce coup-là, Iry? demanda le Brigadier en tourmentant la grosse chaîne de sa lourde montre, et en se détournant pour éviter le regard de sa femme. C'est le plus beau que j'aie vu de ma vie.

— C'est mon père qui me l'a appris, sir.

— Je le crois ! oui, je le crois ! ou bien que je sois pendu ! Mais puisque tu joues si bien, comment la passion du jeu ne te tient-elle pas !

— Cela m'épouvante de jouer, sir, j'ai peur de moi. D'ailleurs cela me prendrait beaucoup de temps et interromprait mes études.

— Très-bien ! Iry ; mais je voudrais avoir le secret de ce coup-là : veux-tu me donner revanche?

— Avec plaisir.

Une nouvelle partie recommença : pas un mot ne fut échangé, jusqu'au moment où le Brigadier relevant soudainement la tête, demanda :

— Femme, où est donc cette peste de Luther ? je ne l'ai pas vu aujourd'hui.

La Tante Sarah reconnut à l'intonation que le jeu n'allait pas au gré du Brigadier ; elle répondit doucement :

— Il est allé chercher les bestiaux, père.

— Les bestiaux dehors ! par ce temps sombre ! et cette tempête effrayante ? C'est là votre jeu, Iry ?

— Non, sir, voilà ; répondit le jeune homme en désignant le pion qu'il venait de mouvoir.

— Et quand est-il sorti, mère ?

— Au point du jour, murmura Lucy appuyée sur la table, faisant signe à l'Oncle Jérémiah, et fixant les yeux sur Burleigh, qui, la tête dans les mains, attendait qu'il plût au vieillard de jouer.

— Oui, père, il est sorti avant le jour et depuis lors n'est pas rentré, ajouta la Tante Sarah.

— Voilà un coup chanceux, mère !

Le Brigadier regarda sa femme avec une expression comique de perplexité, hésitant à jouer, et roulant un pion entre le pouce et l'index.

— Je n'ai point lâché la pièce, Iry, vous le voyez, dit-il.

Le maître d'école fit un signe d'assentiment.

La Tante Sarah opéra une diversion en faveur de son mari :

— Quoiqu'il en soit, les vaches sont dehors par la nuit noire, poursuivit-elle.

— Dehors ! la nuit ! Est-ce possible, femme ? qui les a détachées ? Où est Pal'tiah ?

Nulle réponse ne fut faite.

— Il n'est jamais là quand on le cherche : jouez-vous Iry, voulez-vous ?

— Elles ont passé par la cour des vaches, suivies de toutes les génisses, ajouta Lucy ; après avoir défoncé les clôtures, elles se sont dispersées dans les bois.

— Elles ont eu une frayeur, peut-être.

— Le cousin Luther l'a dit, ajouta Lucy.

— Par les ours, peut-être ; dit la Tante Sarah.

— Quelle bêtise ! mère ; est-ce que les ours bougent en hiver ? Ce seraient plutôt des loups ; voici le moment où l'on voit par ici le grand loup blanc du Canada.

— Le cousin Luther a entendu crier les petits porcs et grogner la vieille truie ; en même temps il s'est fait un tumulte dans la laiterie. Aussitôt il a sauté hors de son lit pour voir ce que c'était ; mais, quand il est arrivé, les vaches, les veaux avaient disparu, il n'était resté que les petits porcs, la vieille truie, les bœufs, Black-Prince et la jument grise.

— Et qu'a-t-il fait pour savoir la cause de toute cette frayeur ; a-t-il découvert des traces ?

— Impossible de rien voir, une neige fine et serrée couvrait tout en tombant, d'ailleurs les bestiaux en se débattant avaient piétiné partout : il n'y a eu moyen de rien découvrir.

L'Oncle Jerry devint soucieux et pensif : d'un mouvement brusque et qui semblait involontaire, il renversa l'échiquier en bouleversant les pions avec une brusquerie qu'il n'avait jamais manifestée vis-à-vis d'un hôte étranger.

Tout le monde le regarda avec surprise ; il resta un instant immobile et rêveur : ensuite, il tirailla sa chaîne de montre, reboucla ses jarretières et se coiffa du surprenant bonnet de velours, qui d'habitude couvrait sa longue et soyeuse chevelure blanche.

Au bout d'un instant il redressa sa haute taille et jeta les yeux sur un lourd fusil de la fabrique de Louisbourg, qui suspendu à un gigantesque bois de renne, décorait le manteau de la cheminée. Cette arme, toujours chargée à balle ou à chevrotines, était constamment en état de faire feu. Ensuite il alla à la fenêtre, sans se soucier de ses béquilles, et regarda d'un air de défi les tourbillons blancs que chassait l'orage.

A ce moment, Lucy terminant sa causerie avec Tante Sarah, sortait pâle et inquiète se dirigeant vers l'office. La vieille Sarah fit un signe au maître d'école ; ce dernier se leva aussitôt. Alors, tous deux entamèrent une conversation à voix basse, les yeux tournés vers l'Oncle Jérémiah après quelques mots échangés, le maître d'école parut terrifié et devint sombre et triste. Enfin il poussa un long soupir, prit respectueusement la main de Tante Sarah et lui dit d'une voix tremblante :

— Je voudrais savoir si c'est bien la vraie pensée de Lucy.

— Oui, Master Burleigh ; la pauvre enfant a lutté pendant trois jours pour se donner le courage de vous parler elle-même ; elle n'a pu s'y décider, en présence de ce mariage projeté, après vous avoir vu si tourmenté, et arrivant de si loin;

Elle aimerait mieux mourir, m'a-t-elle dit, que de vous parler de cela elle-même, car elle sait qu'elle vous briserait le cœur.

— C'est un grand chagrin pour moi, je vous assure, dit le jeune homme avec amertume, mais il faut que je la voie, Tante Sarah ! il le faut : si on langage confirme vos paroles, je la laisserai en paix pour toujours. Il y a là-dessous un effrayant mystère ; nous ne pourrons l'éclaircir qu'en nous rencontrant face à face. Si Lucy Day était une coquette évaporée, je lui dirais adieu immédiatement; mais je connais sa fierté, son généreux caractère, je serai prudent et patient avec elle. Tout cela vient de son éducation de couvent : plût à Dieu qu'elle n'eût jamais vu Québec ! J'avais de tristes pressentiments aujourd'hui ; sa conduite envers moi depuis une semaine a été bien étrange.

— Étrange ! comment ?

— Je ne pourrais vous exprimer cela convenablement par la parole, Tante Sarah; mais je suis sûr de ce que je dis ; j'en ai perdu le sommeil, je ne dormirai plus.

— Vous avez, je pense, aussi perdu l'appétit, car ce que vous mangez l'un ou l'autre ne soutiendrait pas un moineau ; vous avez aussi tous deux des absences d'esprit: je vous vois souvent les yeux pleins de larmes ; et si je vous regarde à la dérobée, je vous vois toujours vous dévorant des yeux comme un chat fait d'une souris.

A ce moment l'Oncle Jerry revint de la fenêtre. La conversation cessa, et comme si elle eut exécuté un plan concerté d'avance, Lucy reparut : elle était plus pâle encore, s'il eût été possible, mais calme et maîtresse d'elle-même quoique ses grands yeux clairs eussent une expression de profonde tristesse alliée à une sorte de tendresse fière.

Personne ne parla : Burleigh ne leva pas même les yeux et resta le visage enfoncé dans les mains, insensible à tout ce qui se passait autour de lui, incapable de dire un mot.

Le Brigadier, en passant, accrocha avec sa manche l'échiquier et renversa quelques pions remis debout. Il serait difficile de dire si ce fut exprès ou non.

Après un long silence, le Brigadier se pencha par-dessus la table, saisit une étagère portant la poire à poudre ainsi que le sac à plomb, et d'un mouvement de sa large main arracha les supports en faisant craquer la planche. Sa femme et Lucy reculèrent effrayées ; le maître d'école ne vit et n'entendit rien.

— Oui, chère, dit la Tante Sarah, vous savez ce tapis que nous avons trouvé en lambeaux, comme si les chiens l'avaient écartelé, et auquel j'ai travaillé tant l'été dernier.

— Oui, eh bien ? demanda Lucy en se rapprochant d'elle, et grimpant sur un bloc pour mieux entendre la révélation que la vieille femme allait lui faire.

— Ah ! si j'étais son grand'père, mais grâce à Dieu je ne le suis point, les choses iraient autrement... je la fustigerais d'importance toutes les fois que je la trouverais en faute,... sur le foin, par exemple, avec les garçons, pour chercher les œufs ; préparant des mensonges ; prenant de la pâte pour se fabriquer des gâteaux, cette petite peste, fainéante propre à rien !

Lucy hasarda quelques mots en faveur de la pauvre Jérutha Jane contre laquelle était dirigée cette sortie, mais la grand'mère ne voulut rien entendre.

— En vérité, continua celle-ci, je vous le dis.

Lucy Day, il est sûr qu'elle est toujours au fond de toute sottise ; aussi elle a des yeux égarés qu'elle roule comme si elle s'étranglait en avalant une pelotte de beurre.

A ce moment Burleigh retira ses mains de devant son visage, et les deux femmes purent voir de grosses gouttes de sueur rouler sur ses tempes et sur son front. Il semblait prêter l'oreille.

— Je ne vous comprends pas, Tante Sarah, reprit Lucy.

— Pourquoi ne m'appelez-vous pas grand'mère, Loo ?

— Parce que tout le monde vous appelle Tante Sarah ; cela vous rajeunit.

— Bien ! voici ce que je voulais dire, repartit la vieille femme en souriant ; c'est Jérutha Jane Pope qui a troublé les vaches et les a fait fuir dans le bois.

Et la Tante Sarah appuya cette opinion d'un pincement de lèvres, et d'un hochement de tête fort significatifs.

— Oh! vous ne voulez pas dire... Bonté divine ! Et pourquoi aurait-elle fait cela ?

— Ce n'est pas par malice, je suppose ! dit iro-

niquement la vieille femme en lançant un coup-
d'œil à Burleigh.

— Qu'est-ce que tout ça, mère? demanda l'Oncle
Jerry ; qu'est-ce que tu marmottes là ?

— Oh ! nous ne pouvons nous entendre... merci
de moi ! Qu'est-ce que tout ça ? les enfants ! les
enfants ! répliqua aigrement sa femme en prenant sur ses bras un énorme baquet en bois :
tiens, voilà la batterie de cuisine en train !

— Ou bien le nouveau miroir que vous m'avez
donné, murmura Lucy.

— Ou la vaisselle qui est sur la table dans le
vestibule, reprit Tante Sarah.

— Enfants ! hurla le brigadier, cesserez-vous
ce bruit d'enfer!

— Ah! mes amis! ah! mes amis! s'écria la
Tante Sarah, écoutez !

Un tumulte extraordinaire se faisait, de nouveau, entendre dans les escaliers, tantôt en bas,
tantôt en haut, sans qu'on pût rien distinguer.

La vieille femme voulut courir au travers des
trognons de pommes, des tranches de citrouilles,
des paniers, des chiffons amoncelés, et des pelo-
tons de laine, elle ne put y réussir :

— Allons donc, père ! cria-t-elle d'une voix

larmoyante, tu vois bien que je ne peux me dégager de tout ce qui est enchevêtré autour de mes jambes.

— Ne te fâche pas, mère! répondit le brigadier en se hâtant lourdement de porter aide à sa femme; ne te fâche pas!

Mais il eût la main malheureuse; plus il tirait de çi de là, plus la Tante Sarah était empêtrée.

— Holà! holà! encore quelque chose! glapit-elle exaspérée.

La grande porte venait de s'ouvrir avec fracas. Des voix se faisaient entendre dans la cour, accompagnées de piétinements extraordinaires; le tapage fut tel que Burleigh lui-même prêta l'oreille.

— Tiens! c'est notre garçon! s'écria l'Oncle Jerry; par ici Luther! par ici! c'est la bonne route, le chemin de la cuisine.

Des pas d'éléphant retentirent dans le vestibule, et un gros garçon enveloppé d'une grossière couverture de laine fit irruption dans la salle, après avoir à demi enfoncé la porte d'un coup de crosse de fusil. En se secouant comme un ours, il fit voler autour de lui la neige dont il était couvert.

— As-tu trouvé les vaches, Luther ?

— Oui, père, elles sont toutes ici saines et sauves ; mais je jure que j'ai eu une fameuse corvée à les ramener, au milieu d'une tourmente pareille, sans personne pour m'aider.

- Personne ! Pourquoi ? Où est donc Pal'tiah ?

— A l'école, avec Liddy, je pense.

— Quelle frayeur ont-elles donc eue, et qui peut les savoir détachées ?

— Je n'en ai aucune idée, père.

— Les loups ou les ours ? insinua Lucy.

- Je ne puis dire. Je n'ai pu reconnaître aucune trace ; la neige couvre tout, il y en a bien deux ou trois pieds de haut dans les bois.

— Bien ! bien ! mon garçon ; je suis content de te voir : ça tire à marcher par ce temps-là, hein ?

— Je le pense ! Voudriez-vous me donner les haricots d'hier soir, mère ?

Lucy courut à l'office.

— C'est juste, enfant ; on va te donner un bon souper ; du pudding et du lait, ou une bonne soupe blanche, ou du bon riz gras à l'indienne ; tu trouveras tout excellent, j'ose le dire.

— Débarrasse-toi de tes affaires, Luther, con-

tinua le père ; prend une chaise et assieds-toi ;
mets-toi à ton aise, que diable! ensuite tu nous
raconteras ton expédition.

— Oui, père ; mais je voudrais savoir pourquoi
j'ai entendu tant de bruit dans la maison, et ce
que signifient les lumières que j'ai vues à toutes
les fenêtres ?

— Des lumières...! aux fenêtres...? quelles fe
nêtres, Luther ?

— Celles des escaliers, du grenier, de la façade
de derrière, partout enfin.

Le brigadier tourna vers sa femme des regards
effarés.

— Ce sont ces petites canailles d'enfants, encore ! s'écria la vieille femme ; jamais on n'a vu
de tels fléaux, Luther, jamais ; j'en suis abrutie :
dégringoler les escaliers ; laisser toutes les portes
ouvertes ; jeter au père des boules de neige ; faire
des tours diaboliques pour nous effrayer ; voilà
leur vie !

Et la bonne femme lança un regard sur Burleigh et sur Lucy : cette dernière, après avoir
mis la table, se tenait à quelque distance dans
l'ombre, les yeux fermés, mais écoutant avec attention tout ce qui se passait autour d'elle.

Le maître d'école paraissait endormi, ou absorbé dans des calculs métaphysiques ; son vieux livre, le vieux Pike, tout effeuillé, était resté ouvert devant lui sans qu'une page eût été tournée depuis la partie d'échecs.

— Oh ! ne demande rien à celui-là, dit l'Oncle Jerry répondant pour Burleigh à sa femme ; il ne sait pas ce qu'on dit autour de lui, on croirait que le tonnerre est tombé sur sa tête.

Le jeune homme sourit d'un air distrait ; mais il était facile de voir qu'il n'avait nullement compris les paroles du brigadier.

Pendant ce temps, Luther s'était débarrassé de sa défroque neigeuse, et s'était installé près d'un feu rôtissant, devant une collection de plats qui auraient pu suffire à un festin de famille.

Le même tapage se fit encore entendre dans la maison d'une façon si bizarre qu'on pût le croire « partout et nulle part. »

— Voilà encore ! voilà encore ! Luther ! Lucy ! courez ! courez ! s'écria la Tante Sarah cramoisie de fureur ; je crois, sur mon âme, que la maison est hantée par les sorciers.

Aux exclamations de sa femme, le brigadier

fit crier sa chaise à grand bruit, se pencha en avant comme pour se lever, et, satisfait de ce commencement de démonstration, resta les deux coudes appuyés sur la table, étudiant avec inquiétude le visage de sa femme, pour savoir si elle était contente de lui : puis, s'apercevant que personne ne faisait attention à sa pantomime, il se rassit tout doucement dans sa chaise et laissa les choses suivre leur cours.

Cependant, il lui fallut s'ébranler enfin : suivant les ordres de sa mère, et sur un signe de Lucy, Luther avait couru jusque dans la partie la plus obscure du vestibule, où le bruit paraissait le plus fort. Le brigadier ne put résister au désir de suivre son « mignon, » et marcha vers lui, chevelure au vent, habits déboutonnés, tenant en l'air une torche de pin résineux qui illuminait les moindres recoins.

Chose étrange ! On ne vit rien, on n'entendit rien ; et pendant longtemps régna le plus profond silence.

— Voilà qui me passe, je le déclare ! s'écria Luther en se retournant vers son père, comme pour lui demander une explication. Mais ce dernier, d'un air moitié effrayé, moitié embarassé, détourna les yeux, de manière à éviter les regards de son fils.

Enfin, prenant son courage à deux mains, l'Oncle Jerry se mit à crier : « enfants ! enfants ! » d'une voix formidable qui dût être entendue à un demi-mille malgré le grondement de l'orage.

Aucune réponse ne fut faite. Alors les deux hommes montèrent jusqu'à la porte de la chambre à coucher, l'ouvrirent doucement et écoutèrent... Au milieu du plus profond silence ils n'entendirent que la respiration égale des petits dormeurs, rien ne bougea autour d'eux.

— Particulièrement étrange! Luther, hein? dit le vieillard; d'où penses-tu que vienne ce bruit.

— Il partait bien d'ici, père; juste de l'endroit où nous sommes, repartit le gros garçon en se serrant contre son père, et parlant d'une voix chevrotante.

— Ils ne dorment pas, bien sûr, ces coquins d'enfants; mais comment ont-ils pu se sauver dans leurs lits, si vite, et sans le moindre bruit...? voilà qui me paraît fort !

— Eh! bien! père! demanda la Tante Sarah en

passant la tête par la porte entre-baillée, et avançant une torche allumée: que regardez-vous là ? qu'attendez-vous ? je voudrais savoir ce que signifient tous ces chuchottements?

— Quels chuchottements, femme ?

— Quels chuchottements...! Vous êtes peut-être muet?

— Oh! oui, j'entends. Mais laisse-nous, nous sommes sur la bonne voie : quand la chose sera éclaircie, nous saurons quel est ce mystère.

Tante Sarah ferma la porte et retourna à ses pommes.

— Luther!

— Oui, père.

— Je commence à croire que le vieux Scracht (*le Diable*) s'en mêle, avec ces chuchottements dont parle ta mère.

— Je ne sais pas, Père... je... ne... sais... bégaya Luther sentant ses jambes fléchir et ses genoux trembler.

— Que voulait donc dire ta mère, en affirmant tout à l'heure que la maison était *hantée*...?

— Je ne peux pas dire, père... mais quand on entend des bruits... incompréhensibles... c'est un fait, père; depuis les vieilles guerres indiennes, on dit que la maison est... Ah ! Seigneur, qu'est-ce que cela ?

— Quoi ? où ? Luther ! je ne vois rien.

— Non, père ! murmura Luther en se pressant contre le vieillard ; mais je viens d'entendre... quelque chose comme des... murmures... des soupirs... ah ! seigneur ! encore !!

Le brigadier bouleversé, serra le bras de Luther en lui montrant la porte ouverte de nouveau, et au travers de laquelle paraissaient les figures pâles, terrifiées, de Tante Sarah et de Lucy qui se tenaient par la main. Peletiah, le pâtre, regardant par dessus leurs épaules, faisait flamboyer sur le fond noir sa chevelure rouge et ébouriffée ; le maître d'école, se haussant sur la pointe des pieds pour voir par-dessus toutes les têtes, gardait un sérieux inexprimable, sans pouvoir, toutefois, dissimuler son étonnement. En effet, les murmures que l'on entendait un peu partout, semblaient à la fois loin et près ; on eût dit que l'air s'animait et se mettait à babiller mystérieusement.

— Mais enfin ! qu'y-a-il, père, qu'y a-t-il donc ? demanda la Tante Sarah en s'approchant d'un pas ou deux, pendant que Lucy, tremblante, se cramponnait à elle comme pour l'empêcher d'avancer.

— Rien, femme ! ce n'est rien, à la fin ! répondit son mari ; ce ne sont pas les enfants, tu vois comme ils sont tranquilles.

— Mais, ces chuchottements de voix ?... d'où viennent-ils ?

— Ah ! par ma foi ! je ne sais... on les entend à droite, à gauche, en haut, en bas, près et loin tout à la fois, et on ne trouve rien.

— Ce sont ces *poisons,* d'enfants, j'ose le dire ; hasarda Peletiah avec de larges yeux effarés et un sourire nerveux.

— Oui ! de vrais petits bourreaux ! ajouta Tante Sarah en retournant à ses affaires, mais je dis que Jerutha Jane Pope est au fond de tout ça : Vous allez vous en convaincre, père, si vous pouvez la surprendre ; montons à son *per choir.*

— Repose-t-en sur moi, femme ; je vais m'assurer de la chose ; vous autres, retournez à la cuisine, fermez la porte et tenez-vous tranquilles jusqu'à ce que j'appelle. Mais laissez-nous une chandelle...Prends la Luther, veux-tu ? Et maintenant, continua-t-il à voix basse, lorsqu'ils furent seuls, montons l'escalier, ayons l'œil et l'oreille au guet; sur ta vie ne dis pas un mot à ta mère de ce que nous allons voir... Hein? que dis-tu?

— Je n'ai point parlé, père.

— Je croyais... on n'entend rien... on ne voit rien... le mal n'est pas si grand que je pensais, continua le vieillard de plus en plus troublé, entraînant avec lui le pauvre Luther consterné. Ne bouge pas, Luther! ne souffle pas! murmura-t-il soudain.

Le vacarme invisible et mystérieux parcourait de nouveau la maison, de la cave au grenier.

— C'est incroyable! dit le vieillard; puis, prenant avec vivacité la chandelle des mains de son fils, il courut jusqu'au sommet de l'escalier, ouvrit brusquement la porte de la chambre et regarda, le flambeau en l'air. Tout-à-coup, il se retourna comme si quelqu'un l'avait poussé par derrière; deux ou trois voix paraissaient faire conversation dans l'escalier.

Le brigadier confondu et Luther se regardèrent sans rien dire. Après un moment d'hésitation, les deux hommes coururent dans toute la maison avec une sorte d'égarement, poursuivis partout par ce fugitif et insaisissable tumulte.

Las de cette recherche aussi fantastique qu'infructueuse, ils revinrent à la cuisine :

— Eh ! bien ! quoi de nouveau ? demanda Tante Sarah, en leur ouvrant la porte ; l'avez vous bien corrigée.

— Qui ?

— Jerutha Jane !

— Oh ! ce n'est pas elle.

— Êtes-vous allés voir dans la chambre des autres enfants ?

— Non ! répliqua le vieillard en adressant un regard à Luther : mais j'aimerais mieux que tu y allasses, mère ; mes rhumatismes...

— Bien ! bien ! je sais : alors, repose-toi ; mais vous auriez dû vérifier de ce côté-là. J'y vais, moi ! je verrai bien ce qu'ils font.

Elle se mit en route, faisant craquer chaque marche sous le poids de sa lourde personne : car c'était une puissante femme, moins ingambe que son mari, quoique beaucoup plus jeune que lui.

Elle trouva ses enfants profondément endormis,

soigneusement enveloppés de leurs draps, quelques-uns, même, ayant la tête sous l'oreiller : évidemment ils n'étaient pour rien dans tout ce bruit. La prudente matrone, ne se fiant pas aux apparences, les éveilla d'autorité, et les confessa sévèrement : aucun d'eux n'avait bougé depuis la visite de la cousine Loo-Loo ; mais tous se plaignirent d'avoir été effrayés par des bruits extraordinaires autour de la chambre, dans le grenier et la cheminée. Jerutha Jane, les lèvres pâles et montrant le blanc des yeux, déclara que son lit avait été houspillé, et qu'elle avait vu *quelque chose* passer par la fenêtre.

— Oh ! effrontée ! répondit la Tante Sarah ; va te coucher et laisse-nous tranquilles avec tes sottises. L'orage vous a tourné la cervelle à tous.

En redescendant, elle fit part à son mari de ce qu'elle avait constaté ; après quoi elle s'assit, toute essoufflée, dans le grand fauteuil en cuir, envoya Luther balayer la neige amoncelée devant la porte d'entrée, et toute la famille resta pendant quelques minutes plongée dans un silence complet.

Tout à coup l'Oncle Jerry releva sa tête qu'il

avait plongée dans ses deux mains, et demanda quel quantième du mois on était.

— Le vingt-six : fût-il répondu.

— Le vingt-six février!... le jour même où miss Moody est morte! c'est ça! j'aurais dû m'en douter.

Alors joignant les mains pour prier, mais sans se découvrir ni se mettre à genoux : « Que » le Seigneur soit miséricordieux pour nous, » » et nous délivre des embûches de l'ennemi! » dit-il avec solennité.

Un silence funèbre régna de nouveau : il ne fut troublé que par la vieille horloge ressuscitée qui sonna neuf heures, en trois fois, avec des pauses, comme il avait sonné sept heures. Chacun tressaillit.

— Peut-être master Burleigh sera disposé à prononcer quelques mots de prière? demanda Lucy d'une voix timide et hésitante.

Burleigh regarda tante Sarah; mais ne trouvant dans ses yeux aucun encouragement, il se tourna vers le mari.

— S'il te plaît Iry ; dit le vieux brave en chevrotant ; nous n'avons jamais eu autant besoin de prières, je peux le dire.

A ces mots, il quitta son chapeau, au grand étonnement de la famille.

Le maître d'école tomba à genoux, inclina sa belle tête pensive, et d'une voix très-basse, fit une prière simple et courte, mais si touchante que des larmes coulèrent de tous les yeux.

CHAPITRE III

LE PIED FOURCHU

Le lendemain deux étrangers firent apparition au moment du déjeûner, sans dire un mot. C'étaient de grands gaillards aux larges épaules, au regard rude, munis de longs fusils, de couteaux de chasse et d'un sac plein de munitions : on aurait dit des trappeurs.

Où avaient-ils passé la nuit? Comment arrivaient-ils par la porte de derrière? S'étaient-ils égarés, ou bien n'avaient-ils pas voulu suivre la rivière? C'est ce qu'on ne put deviner, car on ne leur adressa aucune question.

Ils s'assirent sans saluer, quoique le maître de la maison leur eût adressé à chacun une inclination de tête, et se mirent à manger comme des affamés. Leur présence embarrassa bientôt toute la famille ; on causa d'abord à mi-voix, ensuite tout bas, avec de longues pauses, puis enfin régna un silence de mort. Les étrangers ne s'inquiétèrent nullement de ce qui se passait autour d'eux ; ils étaient trop occupés à dévorer, et ne levèrent pas les yeux jusqu'à ce qu'ils eussent expédié la dernière miette. Quand on leur demanda si leur intention était de rester et de coucher dans l'hôtellerie, ils ne répondirent qu'en faisant eux-mêmes l'addition de leur repas sans oublier un poisson ni une pomme de terre.

Depuis minuit le vent avait sauté au nord, et l'atmosphère éclaircie était devenue glaciale : de telle façon qu'à leur entrée dans l'auberge leurs grands manteaux étaient raides comme du carton, et leurs barbes hérissées de givre.

Le Brigadier faisait bonne contenance de son mieux, mais on le voyait tantôt pâle, tantôt rouge, souvent absorbé dans des rêveries sans suite, et dissimulant mal une secrète inquiétude. Sa femme n'eût pas de peine à s'en apercevoir ; mais, gênée par la présence des deux inconnus, elle n'osa demander aucune explication.

Ils venaient d'achever leur déjeûner et le patriarche débattait dans son esprit le point de savoir s'il leur lirait un chapitre de la Bible ou leur proposerait de faire la prière, lorsque la porte s'ouvrit doucement derrière lui, et l'on vit apparaître la face rougeaude et velue du berger. Il était pâle, hors d'haleine, et se mit à faire des signes à Luther qui, seul, regardait de son côté.

Ce dernier repoussa sa chaise et se leva pour sortir.

— Où vas-tu ? qu'est-ce qu'il y a encore ? demanda sa mère.

— Rien, mère, je veux donner quelques explications à Pal'tiah concernant le sentier à faire dans la cour des vaches avant que Liddy s'en aille.

— Liddy ! où va-t-elle donc ? dit Grand-Père.

— Chez ses parents, pour un jour ou deux, répondit sa femme.

— Chez ses parents ! et pourquoi ?

— Oh ! dit Jerutha, elle a eu si peur la nuit dernière, lorsqu'elle allait traire, qu'elle a déclaré qu'elle ne passerait pas une soirée de plus sous ce toit ; quand bien même vous lui donneriez la ferme, Grand-Père.

— Quelle frayeur a-t-elle eue ?

— Que dois-je faire, Grand-Mère ? voilà que

Grand-Père me demande de lui raconter ça ; et vous et Tante Lucy me faites signe de ne rien dire.

— Je voudrais que vous apprissiez à modérer votre langue, Jeruthy Jane, et à ne parler que lorsqu'on vous interroge ; interrompit aigrement la Grand-Mère.

— Ne t'inquiète pas, femme : explique-moi cette affaire, je te prie, Jeruthy.

— Voilà, Grand-Père. Avant de se mettre au lit elle s'est approchée du mien toute tremblante, pouvant à peine parler, et claquant des dents ; puis, elle m'a raconté qu'au moment où elle finissait de traire les vaches, elle les a entendues se débattre, alors elle a levé la tête pour voir ce que c'était, et elle a aperçu une paire d'yeux monstrueux qui la regardaient par-dessus la palissade : elle croit avoir vu aussi de grandes cornes et une tête de cheval, la plus grosse qu'elle ait rencontrée en sa vie. Epouvantée, elle a laissé là son baquet pour se sauver à la maison ; mais avant d'arriver à la petite porte elle est tombée, et si Grand-Mère ne s'était trouvée là pour lui porter secours, on l'aurait trouvée étouffée sous la neige

— Vous êtes folle et stupide, petite fille !

— Folle ou non, Grand-Mère, je sais qu'elle n'a pas dormi de la nuit, et que, lorsqu'elle a entendu crier la vieille truie et les petits porcs, quand elle a entendu les vaches briser les clôtures avec grand fracas et s'enfuir dans les bois, elle s'est levée toute égarée, jurant que jamais plus elle ne dormirait sous notre toit.

— Femme, entends-tu tout ça ?

— Oh ! assurément ! mais faut-il faire attention à ces balivernes de gamine ? Chacun sait que Liddy est une idiote, et que Jeruthy Jane dit plus de mensonges que de paroles. Mais Luther attend vos ordres.

Le père fit un signe de tête en regardant la porte : Luther comprit et se précipita hors de la chambre. Les deux étrangers ne dissimulaient pas leur étonnement et jetaient autour d'eux des regards inquiets.

Avant qu'ils se fussent remis à déjeûner, et au moment où le vieillard préparait révérencieusement sa bible, après avoir quitté son chapeau, la porte s'ouvrit avec violence, Luther fit irruption dans l'appartement, les yeux hagards, les cheveux hérissé la tête nue.

— Père ! dit-il d'une voix rauque, père ! on a besoin de vous.

— Pourquoi ? Où ?

— Hors de la cour des vaches, tout près des clôtures.

— On croirait qu'il a rencontré un esprit, murmura Lucy en s'adressant à l'étranger le plus proche d'elle. Mais au lieu de lui répondre par un sourire comme elle s'y attendait, ce dernier regarda Luther et devint sérieux : ensuite se penchant vers son compagnon, il lui parla bas et tous deux lancèrent au vieillard un regard dont l'expression fit frémir Lucy.

— Allons, père, allons ! reprit impatiemment Luther ; nous n'avons pas de temps à perdre pour voir ce que je veux montrer ; cela aura disparu avant notre arrivée, si nous ne nous pressons pas.

Le vieillard s'élança avec la promptitude d'un jeune homme ; Luther le mena à la cour des vaches, derrière la palissade, à l'endroit où Liddy avait vu *l'apparition* : là Luther s'arrêta, tremblant, les yeux dilatés, et, ne pouvant parler, montra du doigt sur la neige, la profonde empreinte d'un large PIED FOURCHU.

— Vous voyez, père! dit-il en lui serrant le bras convulsivement ; vous voyez que la pauvre Liddy a dit vrai. C'est ici, juste ici, qu'elle a vu les grands yeux qui la regardaient, et les longues cornes qui dépassaient les clôtures, et la grosse, énorme tête.

— Ouias! s'écria le père en se mettant à genoux pour mieux examiner l'empreinte.... C'est bien ça! tout-à-fait ça! ajouta-t-il en se relevant, après une minutieuse inspection.

Et il se frotta les mains avec un air de jubilation.

— Comment! père! vous n'êtes pas ému?

— Pas trop, garçon, pas trop! où est Pal'tiah?

— Chez le ministre.

— Tête de bois! qu'a-t-il besoin du ministre? je voudrais le savoir.

— Mais, père! est-ce un PIED FOURCHU, oui ou non?

— Certainement!

— Est-ce une piste d'animaux du voisinage, de nos bestiaux?

— Non, mon garçon, assurément.

— Eh bien! alors?

— Mes raquettes pour marcher sur la neige sont-elles en état?

— Oui, Père, mais....?

— Et mon brave vieux fusil, est-il prêt à faire feu?

— Tout prêt : bien sûr. Mais, mon bon, mon gracieux père, à quoi pensez-vous ?

Le vieux bonhomme sifflota, se baissa de nouveau, écarta la neige, donna un dernier coup d'œil à l'empreinte, et se remit à se frotter allégrement les mains.

— Père ! je dis..... père ! Penseriez-vous à marcher, raquettes aux pieds et fusil en main contre.... le vieux Scratch en personne ?

— Ah ! j'y songe.... Luther ! il nous faudra quelques braves petits chiens, bons quêteurs, ardents sur la piste, légers à ne pas briser la croûte de la neige, et capables de souffler sur les talons de n'importe qui, le vieux Scratch ou un cariboo.

— Nous n'en manquerons pas : il y en a pour le lapin, le renard, le loup même ; et ardents, je vous en réponds : mais, que ne prenez-vous le vieux Watch ? Il a la machoire solide, et ce qu'il tient, il ne le lâche plus : nous pourrions lui adjoindre une demi-douzaine de gros dogues de sa force.

— Pas de grosses bêtes, Luther, mon garçon !

Ce serait les mener à la boucherie : j'en ai vu qui étaient lancés à vingt pieds en l'air et qui, en retombant, cassaient la croûte de la neige et y disparaissaient pour toujours.

— La mort...! vingt pieds en l'air...! Mais à quoi pensez-vous, père, à quoi...?

— Luther !

— Sir.

— Vous faites-vous une idée de ce que signifie ce pied fourchu ? à genoux, à genoux, garçon ! étudiez-moi ça !

— Oui, Père.

— Bien ! et.... qu'en pensez-vous ?

— Ouf ! certainement, c'est le pied du vieux Gentilhomme (du diable), je le reconnais bien.

— Vous n'êtes pas sot, Luther !

Le jeune homme commença à perdre contenance et se mit à regarder autour de lui : l'attitude de son père l'étonnait ; il ne l'avait jamais vu de si belle humeur. Le vieillard semblait rajeuni ; sa parole et son geste avaient une ardeur juvénile, railleuse, un entrain incompréhensible.

— Luther !

— Quoi, Père ?

— Que direz-vous si je vous apprends que ceci est une trace de Renne.

Luther leva les mains avec un cri.

— Un pied de Moose, père! qui a entendu parler de Moose dans cette contrée? Êtes-vous sûr?

— Si je suis sûr! n'ai-je pas chassé le Moose du Canada au Labrador, et tout le long du Saint Laurent, pendant cinquante années? Est-ce que je ne dois pas les connaître, hein?

— Hurrah! pour vous, Père!

— A vrai dire, je n'en avais jamais vu par ici. Ces animaux n'aiment pas l'odeur de la mer, je n'en ai aperçu aucune trace jusqu'à ce jour: mais nous l'aurons bien sûr; aussi vrai que je m'appelle Jérémiah Hooper. Allons, allons! en avant les raquettes, les fusils, les cartouchières, les sacs à balle, les chiens et deux ou trois bons voisins! Dis à Pal'tiah de préparer deux ou trois couvertures de laine, des peaux de mouton; nous allons rentrer et faire nos préparatifs de voyage.

— Mais vos rhumatismes, Père? Ne prendrez-vous pas vos béquilles?

— Mes béquilles! mes crochets! et quant à

mes rhumatismes, mon garçon, pare-moi cette botte.

En disant ces mots, l'allègre vieillard enleva d'un coup de pied le chapeau de Luther, sur sa tête, et le fit voler dans les branches d'un arbre.

Le Brigadier avait été un fameux lutteur dans son temps ; le tour qu'il venait de faire était une *passe* à laquelle il n'avait jamais rencontré de parade.

Ces démonstrations joviales rendirent Luther plus heureux, il respira librement et se trouva merveilleusement disposé à répondre à sa mère qui l'appelait du seuil de la porte.

— Eh ! oui, mère ! nous sommes à vous dans un moment, s'écria le vieillard qui pensa seulement alors à son déjeuner interrompu et au chapitre de la Bible. Au même instant il prit le galop avec la légèreté d'un Rhinocéros, et arriva dans la cuisine suivi de Luther qui pouvait à peine lui tenir pied.

Sur leur passage ils rencontrèrent Burleigh debout à l'entrée du vestibule : l'Oncle Jerry remarqua qu'il tenait à la main un chiffon de papier froissé. Le maître d'école, d'un air consterné, tournait et retournait cela en tous sens comme s'il eût cherché jusque dans la contexture du papier un nom, une date, une adresse.

— Holà ! dit le facétieux patriarche, s'arrêtant une seconde au milieu de la neige : quoi de nouveau, ami Burleigh? Tes yeux sont troublés ?

— Oncle Jérémiah connaissez-vous cette écriture? ne lisez pas ! dites-moi seulement si vous la connaissez.

Le vieillard prit le chiffon, le regarda et secoua la tête :

— Jamais vu, jusqu'à ce jour. Qu'est-ce que c'est?

— Excusez-moi ; c'est un secret qui est tombé en ma possession par hasard ; je n'oserais en faire part à personne avant de l'avoir approfondi.

— Allons! allons donc! père! et vous aussi Master Burleigh! criait la Tante Sarah, finissons de déjeûner pour être libres de vaquer à nos affaires. La Bible est ouverte, elle vous attend.

Tous deux entrèrent, se mirent à table, et après la lecture d'un chapitre, les étrangers furent invités à dire la prière. Chacun d'eux refusa d'un air embarrassé ; alors on eut recours au maître d'école qui récita *les grâces* d'une voix tremblante. A peine eût-il fini que, repoussant sa chaise en arrière il courut dehors. Mais son absence ne fut pas longue : quand il revint, chacun remarqua qu'il était pâle comme un mort et que ses yeux portaient des traces de larmes.

Au bout d'un instant il se rapprocha de Lucy et lui demanda si elle voudrait lui accorder cinq minutes d'entretien dans la chambre voisine.

— Certainement, répondit-elle d'une façon hésitante et chagrine, et elle le suivit aussitôt.

Il commença par fermer la porte, assura le loquet, ouvrit les volets ; ensuite, lui montrant le chiffon de papier, lui demanda :

— Vous en souvenez-vous?

Surprise et émue, elle ouvrit la bouche pour répliquer, et chercha à s'emparer du papier : n'ayant pu y réussir, elle resta muette, se laissa tomber sur une chaise et se couvrit le visage de ses deux mains en sanglottant à se briser le cœur.

— Rendez-moi ce papier, sir ! dit-elle en reprenant sa présence d'esprit : en même temps elle se leva et s'approcha très près de Burleigh, le visage irrité, les yeux ardents.

— Excusez-moi pour un moment, Lucy. Je vous le remettrai lorsque j'aurai encore échangé

4.

quelques paroles avec vous: mais, encore une fois, pardon.

— L'avez-vous lu, sir ?

— Oui.

— De quel droit, je vous prie ?

— Je vais vous le dire : pour chercher la signature, mes yeux ont couru rapidement jusqu'à la fin ; n'y trouvant ni adresse ni signature j'ai été obligé de le lire.

— *Obligé...!* ah ! et pourquoi ?

— Pour savoir *à qui* il appartenait.

— Me permettrez-vous de demander, Sir, comment vous avez trouvé cela?

— Sur les marches de l'escalier, il y a un quart d'heure, comme j'allais à la vacherie... vous le lirai-je?

— De tout mon cœur, sir ! et a haute voix, s'il vous plait.

— Vous ne voulez pas vous asseoir pendant cette lecture, Miss Dag ?

— Non M. Burleigh, je préfère rester debout.

Le maître d'école se mit à lire lentement et avec une apparence de grand calme ; mais le papier tremblait dans ses mains, et tressaillait aux palpitations tumultueuses de son cœur. L'expression de sa voix vibrante parut troubler la jeune femme, car elle se détourna vers une fenêtre pour cacher son visage au lecteur.

L'écriture était griffonnée, le style décousu, le début abrupte; tout dénotait une précipitation extrême chez l'auteur de ce billet, ainsi conçu :

« Très Chérie. — Un mot seulement : je re-
» mets en vos mains la conduite de toute l'affaire.
» Si vous n'êtes point encore mariée avec *ce Bur-*
» *leigh*, au reçu de la présente, je vous prie de
» me faire savoir votre résolution suprême. Le
» reste me regarde.

« Le vieux chasseur de Rennes sera pour moi,
» car il était l'ami de mon père et de mon grand-
» père : quand il m'aura vu, (ce qui aura lieu
» bientôt), son assistance ne me fera pas défaut.

« Je vous répète, très chérie, ce que je vous ai
» dit souvent déjà ; il m'est impossible de vivre
» sans vous, cela ne sera pas. J'ai trop souffert,
» trop attendu: malheur à l'homme qui s'inter-
» pose entre nous, ma patience est à bout. Aimez
» moi bien, ma chérie, et espérez. A vous pour
» la vie. — Ce 26 Févr. — E. O. F. »

Cette lecture finie, le jeune homme tendit le papier à Lucy en lui disant :

— Avez-vous quelque explication à me fournir ?

— Aucune.

— Quelque question à m'adresser ?

— Une seule. Si j'ai bien compris, vous m'avez dit *avoir été obligé* de lire cette lettre parce qu'elle était sans signature, et que vous vouliez en connaître l'auteur ou le possesseur.

— Vous avez parfaitement compris. Je n'ai pas dit qu'il n'y eût point d'initiales ; mais je ne sais ce que signifient les lettres E. O. F.; cela ne m'a rien appris de les voir.

— Encore une question, s'il vous plaît. Je présume, sir, que, lorsque vous avez lu ce passage : «... *Si vous n'êtes point encore mariée avec* ce Burleigh... » il ne vous a pas été difficile de deviner la personne à laquelle s'adressait la lettre.

Le maître d'école inclina la tête en rougissant fortement.

— Et alors, continua impérieusement la jeune femme, se redressant avec un air de princesse offensée.... et alors, sir, vous avez néanmoins achevé la lecture, sachant bien *ce qui n'était pas*. Bonjour, sir.

— Un moment, Lucy !

Elle sourit dédaigneusement, et lui fit signe de la tête qu'il pouvait parler.

— J'ai une question à vous adresser.

— Dites.

— Connaissez-vous la conversation que j'ai eue avec votre tante, hier soir, concernant notre mariage?

— *Notre* mariage!

— *Notre projet* de mariage, veux-je dire.

— Eh bien! oui.

— L'avez-vous chargée de me dire ce que vous ne vous sentiez pas le courage de me dire vous-même?

— Oui, sir.

— Et pourquoi n'êtes-vous pas venue à moi, avec votre loyale franchise, cette franchise sans peur et sans reproche que j'aime tant en vous;... pourquoi, Lucy, n'ai-je pas entendu vos lèvres elles-mêmes m'apporter ce triste message? Je l'aurais mieux supporté!

— Je ne le pouvais, sir, vous le savez bien; je vous connais trop bien; je vous respecte trop; j'ai trop pitié de vous.

— Pitié! Lucy? Aucun sentiment plus tendre que la pitié ne vous a retenue...?

— Je n'ai plus rien à vous dire, monsieur Burleigh. Bonjour, sir.

— Dieu ait pitié de moi, Lucy ! Je ne puis vous quitter ainsi : je tremble pour l'avenir... et plutôt sur vous que sur moi.

— Vous êtes trop bon, sir.

— Et vous n'avez pas d'autre explication à me donner ?

— Non, sir.

— Et nous voilà séparés,... nous nous quittons..., nous qui avons vécu ensemble, nous aimant si tendrement ;... nous sommes perdus l'un pour l'autre,... (sais-je pourquoi...?) et vous ne me dites rien pour alléger cette montagne de tristesse qui va m'écraser...?

Sa voix s'altéra. Lucy détourna la tête ; des larmes roulaient sur ses paupières.

— Votre main, je vous prie, pour un moment.

Elle laissa retomber sa main sur le côté. Burleigh la saisit entre les deux siennes, et se disposait à la presser contre ses lèvres lorsque la jeune femme s'arracha à son étreinte et s'enfuit. Le maître d'école ne la vit plus, jusqu'au moment où il vint rejoindre le groupe de chasseurs réunis pour chasser l'énorme caribou qui, depuis plusieurs jours mettait en émoi tout le voisinage.

Lorsque le Brigadier eût fini la lecture, et que Burleigh eut dit deux mots de prière, la Tante Sarah voulut qu'on lui expliquât les mystères de la vacherie : ce fut chose facile.

— Une piste de moose, si près de la mer! dit un des étrangers, que pensez-vous de ça, Bob ? ajouta-t-il en frappant dans le dos de son compagnon un coup de poing de force à faire rouler dans le feu tout autre individu moins massif et moins robuste que lui.

— C'est vrai, Joë, je ne l'aurais pas cru. Si vous n'avez pas vos *raquettes*, je retournerai volontiers jusqu'au campement pour les chercher, afin qu'on puisse se lancer à la poursuite du renne. J'ose dire, mon vieux gentleman, s'il vous plaît.

Le Brigadier le regarda fixement sans rien dire jusqu'à ce que l'autre eut baissé les yeux en murmurant :

— ...Brigadier, s'il vous plaît.

Alors le vieillard se dérida, fit un signe, et la conversation s'engagea activement. Les deux étrangers connaissaient parfaitement de réputation le vieux chasseur de rennes, ils se montrèrent très-empressés de l'aider autant qu'ils pourraient.

— Nous avons suivi sa piste pendant trente milles, et nous l'avons perdue au milieu des bois, là-haut ; dit le plus âgé des voyageurs en montrant du doigt la cime du coteau le plus éloigné.

— Il doit avoir plus d'un yard de taille, observa le vieillard ; si nous commençons vivement la chasse, nous l'aurons, aussi sûr que voilà un fusil ; avant quatre jours nous dépisterons sa femelle et peut-être un ou deux jeunes qui doivent marcher avec lui. Mais ce sera une rude besogne. Avez-vous remarqué s'il a brouté quelque part ?

— Pas beaucoup : si vous voulez, nous vous conduirons à l'endroit où nous sommes tombés sur sa piste ; vous verrez ses glissades sur la neige, ses *percées* dans les broussailles, et les traces de sang laissées par les écorchures que la glace rompue faisait à ses jarrets.

— Oh ! oh ! beuglait-il fort ? demanda le Brigadier trépignant d'ardeur, et incapable de se contenir pendant que Luther préparait les vivres, les couvertures, les raquettes, les peaux de mouton.

— Certes oui ! on aurait cru entendre une horde

de buffles dans une gorge de montagne, plutôt qu'un moose solitaire ; n'est-ce pas Joë ?

Joë fit un signe d'assentiment et visita amoureusement l'amorce de son fusil qu'il avait dressé contre l'appui de la cheminée.

Luther et Peletiah reparurent ployant sous les munitions.

— Il nous faudra des traîneaux, garçons ! cria le Brigadier en tambourinant des deux mains sur la table.

— Ils sont prêts, Père ! plutôt deux fois qu'une.

— Bien ! n'oublions pas de prendre aussi de l'avoine, quelques bottes de paille, des haches, deux ou trois bouts de planches, une scie ; tout ce qu'il faudra pour établir un campement.

— Pensez-vous suivre le sentier dont nous vous avons parlé, général ? demandèrent les étrangers.

Le vieux brave tressaillit ; ce titre ne lui avait pas été donné depuis qu'il avait quitté le service.

— Non, répondit-il, car il traverse des bois trop fourrés ; ne trouvez-vous pas ?

— C'est juste.

— Où avez-vous trouvé les premières empreintes ?

— Près du Lac Moose-Head. (Tête de moose).

— Ah ! Et il y avait des pas de vache ou de veaux ? ou bien une piste ?

— Celle du mâle, sir, et rien de plus. Nous l'avons entendu bondir dans le fourré par-dessus les arbres, il y a même un endroit où nous avons vu des écorces rongées.

— C'était large ?

— Comme votre jambe, sir.

Luther ouvrit de grands yeux.

— Comment font-ils pour brouter de si grands morceaux d'écorce ?

— Ils se lèvent sur les pieds de derrière, tan haut qu'ils peuvent, avec leur premier andouiller ils font une profonde incision dans le tronc, ensuite leurs dents incisives achèvent l'opération ; ils arrachent ainsi des lambeaux de sept ou huit pieds quelquefois.

— Est-ce possible !

— Ah ! mais oui ! et souvent ils broient des arbustes qui ont plus d'un pouce de diamètre. Mais nous perdons là un temps précieux à bavarder. Allons ! Luther ! en avant les poignets ! Peletiah !

harnache les chevaux! Femme donne-nous de ton *double-saur !*

Les étrangers se regardèrent en entendant ce mot bizarre.

— Vous ne connaissez pas ça! nous appelons ainsi un friand hachis de poisson salé et de pommes de terre: c'est la nourriture de voyage. Mère! tu sais ce qu'il nous faut? du porc fumé, du riz grillé à l'indienne, des pommes, du gâteau de noix, du café, de la mélasse, un baril de Santa-Cruz ou de la Jamaïque, un flacon de thé.

— Ah ça! vous allez donc camper?

— Tout juste.

— Pardon, mister, continua le Brigadier en se tournant vers celui des voyageurs qui paraissait s'intéresser le plus à ces préparatifs : permettez-moi deux ou trois questions avant cette expédition qui fera de nous des compagnons fidèles dans le désert.

— Questionnez, sir.

— A quelle distance sont les premiers arbres écorcés?

— Environ trois milles, à vol d'oiseau.

— Quelle espèce d'arbres a été attaquée?

— Les érables, en général, et out du gros bois.

— Oh! oh! ah! s'écria le vieux chasseur en faisant un entrechat; vous êtes sans doute de vieux chasseurs, et vous connaissez ces créatures?

— Non! nous sommes des novices, général; mais le bruit de votre réputation nous a attirés; nous sommes venus pour prendre vos leçons.

— Vraiment! votre nom s'il vous plaît?

— Frazier. Sans doute vous n'avez pas oublié votre vieux major, Bob Frazier?

— Non pas!

— Eh bien! sir, nous sommes deux de ses fils: au premier appel, huit autres garçons plus grands que nous sont prêts à partir.

— Et comment va le vieux gentleman?

— Il est mort il y a vingt-cinq ans. Mais nos aînés nous ont parlé de vous.

— Oh! oh! Encore une question, s'il vous plaît?

— Dites, sir.

— Avez-vous remarqué si les arbres avaient été broutés avant ou après la chute de la neige?

— Non: mais qu'est-ce que cela signifierait?

— Cela veut dire que si c'est avant, notre moose est loin maintenant, il faudra joliment courir pour le rattraper. La piste sur la neige est-elle large ?

— Oh oui !... vous avez dans l'idée qu'il y en a un troupeau ?

— Seigneur ! La mère et ses petits veaux : il y en a presque toujours deux. Le mâle chemine en tête, après lui les jeunes, la mère les suit.

Luther vint interrompre la conversation, en criant :

— Tout est prêt, Père.

Alors ce fut un concert bizarre ; des clochettes, des traîneaux, les jappements des roquets, les sourds aboiements du vieux Watch, se mêlaient à l'envie, de façon à se faire entendre à un mille à la ronde. Chacun s'enveloppa de peaux de moutons, prit ses mitaines et se présenta en complet attirail de voyage.

Le thermomètre marquait vingt degrés au dessous de zéro, il fallut prendre des voiles pour garantir le nez, les yeux et les lèvres.

— Tu viens avec nous Iry, hein ? demanda l'Oncle Jerry au maître d'école qu'il trouva debout sous le portail, une carabine sous le bras, encapuchonné d'une vaste peau de loup. — Comme tu es pâle ! Qu'est-ce qu'il y a donc ?

— Ce n'est pas la peine d'en parler, sir.

— Nous n'avons jamais chassé le moose, hein ?

— Quelquefois.

— Hurrah ! pour toujours ! cria Jerutha ; c'est moi qui partirais bien aussi !

— Bonté du ciel ! répliqua Tante Sarah ; avez-vous jamais vu ? Ça chasserait le moose, en quittant le berceau !

L'Oncle Jerry se mit à rire et à danser avec une agilité qui étonna tout le monde; en même temps il frappait sur l'épaule de Burleigh :

— Mais en as-tu rapporté de la chasse, hein ?

Le maître d'école secoua la tête avec un sourire, sans répondre, et se retourna tout à coup. Une porte venait de s'ouvrir derrière eux, dans le corridor, et l'on entendait le chuchottement des enfants qui paraissaient s'exciter entre eux à faire quelque chose de hardi.

— Oh ! quelle bêtise ! na ! dit tout à coup Jerutha ; pourquoi ne pas lui souhaiter bon voyage ? n'est-il pas de la famille ? si tu avais vu seulement comme il est pâle !

Lucy était dans l'ombre derrière les enfants, se dissimulant de toutes ses forces.

— Et maintenant, dit la Tante Sarah, je suppose

que nous avons l'explication de tout le tumulte qui nous a tenus éveillés la nuit dernière ?

— Certainement, répondit son mari ; c'est le moose qui est venu regarder par-dessus les palissades et qui a tant effrayé les bestiaux.

— Voilà qui explique les frayeurs de Liddy.

— Bien sûr ! ajouta le vieux chasseur en s'éloignant sans autre explication, car les deux étrangers paraissaient s'impatienter de l'attendre.

— Mais les chuchottements et les bruits qui couraient de la cave au grenier, dis donc, mon homme, est-ce que le moose y est aussi pour quelque chose ?

— Ma foi non !... peut-être nos jeunes amis pourraient nous donner quelque explication à ce sujet, continua le vieillard en lançant un coup d'œil aux deux voyageurs.

Ils secouèrent négativement la tête.

— Voyez-vous quelque inconvénient à nous faire connaître le lieu où vous avez passé la nuit ?

— Pas le moins du monde ! Nous nous sommes égarés et nous avons passé tout notre temps à batailler contre la neige.

— Mais, quand vous avez eu notre maison en vue, quelle heure était-il ?

— Le jour commençait.

— Et vous n'étiez ici ni dans la soirée ni dans la nuit?

— Ici ! non vraiment ! vous savez bien quand nous sommes arrivés.

— Oui ! et vous ne vous êtes arrêtés nulle part en route ?

— Mais non ! pourquoi ces questions?... Nous avons pataugé dans cette infernale neige, sans raquettes, depuis avant hier jusqu'à ce matin, au moment où en arrivant chez vous, nous vous avons trouvés déjeunant tous.

— Bon ! observa Tante Sarah, voici encore que les étrangers ne sont pour rien dans cette affaire.

— Bon ! Bah ! Hop !! dit en écho l'Oncle Jerry ; laisse donc cette question, Iry, ajouta-t-il en saisissant par le bras le maître d'école qui s'apprêtait à faire une réponse ; il sera toujours temps de l'éclaircir quand nous aurons tué le moose.

Et il le poussa dehors vivement : le jeune homme se laissa faire avec son sérieux accoutumé.

— J'ai à te parler, Iry, murmura l'Oncle Jerry, de manière à n'être pas entendu de sa femme.

Mais rien ne pouvait échapper à la fine oreille

de la matrone, car lorsque la lourde porte fut retombée avec bruit, et que la bande joyeuse fut à quelques pas, la vieille femme joignit ses mains en secouant la tête et s'écria :

— Voilà, voilà encore un mystère! Cet Iry Burleigh sait tout! Il est au fond de tout çà...

Elle s'arrêta court en apercevant près d'elle Lucy qui suivait de l'œil le départ des chasseurs.

— Pourquoi avez-vous jeté un cri tout-à-l'heure, Lucy Day....? pourquoi cette pâleur? Il n'y a aucun danger à la chasse du moose, pour un homme qui s'y entend. Allons! allons! enfant, du courage.

Lucy essaya vainement de sourire; ses yeux humides, sa main crispée froissa le papier caché dans sa poitrine, elle ne répondit rien.

— Allons! au rouet, mignonne! continua la vieille femme; voilà le moment d'entamer quelque vieille complainte comme vous savez si bien en chanter, travaillons.

— Oui, Tante!

Une minute plus tard elle était assise devant son petit rouet, et filait avec une fiévreuse activité, comme si c'eût été là son unique souci.

Après un court silence qu'interrompaient seule-

5.

ment le bruit du rouet et la respiration de Lucy, un grand tapage s'éleva encore, près de la maison : on eût dit une bande de gamins sortant de l'école.

— Oh! là là! cria la Tante Sarah, voilà Jeruthy Jane avec toute la marmaille qui se culbutent en traineaux ; ils vont se rompre le cou! ah! coquins et coquines! dit-elle aigrement en ouvrant la fenêtre, attendez-moi! attendez...!

La bande folle prit le galop et disparut dans un tourbillon de neige.

CHAPITRE IV

LE CAMPEMENT

L'Oncle Jeremiah était un magistrat, nommé à la majorité dans le *Town-Meeting* ; il aurait donc eu le droit de requérir, par corvée, des travailleurs pour frayer les routes ; mais la croute glacée de la neige est assez forte pour porter le plus lourd traîneau avec son double attelage, alors même que les chevaux eussent marché au galop.

— En avant les enfants ! ça va ! cria le Brigadier lorsque la marche fut commencée.

— Ça va ! Père, répondit Luther ; rien ne nous empêche de trotter rudement jusqu'à ce que nous ayons atteint les bois.

— Bien sûr ! et pourquoi ne ferions-nous pas une vingtaine de milles avant d'y arriver ? Quand nous serons dans les fourrés nous ne pourrons franchir que douze milles par jour, au plus. En tous cas, il faut nous attendre au dégel, sans quoi nous aurons à camper une semaine ou deux; n'est-ce pas, Iry?

Le maître d'école fit un signe d'assentiment; tout à coup son compagnon, le plus âgé des Frazier, tressaillit, et le regarda avec curiosité.

— Iry! Ira! murmura-t-il; votre nom n'est-il point Burleigh?

— C'est mon nom, sir; Ira Burleigh.

— Mais! Seriez-vous ce garçon qui devait se marier prochainement?

Le visage du maître d'école passa par toutes les couleurs de l'arc-en-ciel, et il se disposait à répondre, lorsque l'autre partit d'un grossier éclat de rire, puis se rapprochant de son frère qui occupait le second traineau:

— Par ici, Joë, par ici! lui cria-t-il, range-toi contre mon *Sleigh* (traineau). Pardon, général; j'ai deux mots à dire à Joë, ajouta-t-il en posant lourdement sa main sur les rênes, au grand étonnement de l'Oncle Jerry.

Joë fit ce que demandait son frère:

— Quoi de nouveau Bob? dit-il en se penchant vers lui.

— Que penses-tu de ce mariage, Joë, hein?

— Oh! malheur! ne me parle pas de noces ici ! je n'en veux pas entendre un seul mot. Si je n'avais pas promis à Ned de tirer au clair cette maudite affaire, je veux être pendu si je m'en occuperais. Que Diable ! as-tu à me tracasser pour ça, Bob?

— Si tu savais retenir ta langue devant les étrangers, nous verrions une bonne farce, Joë.
— Voilà, général, voilà ! encore une minute, nous allons marcher comme l'éclair. — Tu sais ce que frère Ned nous a dit en nous racontant ce qu'il y avait dans l'air... et ce que nous lui avons promis?

— Eh bien ! qu'as-tu à me regarder comme si tu te cassais les dents sur une boulette de beurre? N'avons-nous pas été muets? n'avons-nous pas tenu notre promesse?

— Tiens-toi bien! regarde ce garçon, là, à côté de moi.

— Je le vois, après?

— L'as-tu déjà vu quelque part?

— Jamais.

— Le reconnaîtrais-tu s'il lui prenait envie de marcher sur nos talons ?

— Certainement.

— Joë !... c'est M. Ira Burleigh.

— Tonnerre ! que me dis-tu ? Comment as-tu su cela ?

— Il n'y a pas plus de cinq minutes.

— C'est par le grand chasseur de mooses, hein ?

L'Oncle Jeremiah dressa l'oreille et regarda Frazier.

— Oui, Joë, j'ai fait un pari avec le Brigadier lui-même, si la vérité est connue.

— Ah ! c'est comme ça, frère ? répondit Joë à voix basse, cherchant à distinguer les traits de Burleigh sous son capuchon, et sifflant d'une façon si comique que le Brigadier ne put s'empêcher de rire.

— En avant ! en avant ! garçons ! cria-t-il tout à coup, en agitant les rênes et mettant les chevaux au triple galop; Hurrah ! pour le futur ! Trois bans pour le fiancé !

Le maître d'école se tourna brusquement vers lui, la main sur la crosse de son fusil, prêt à faire une réponse violente : mais après un court combat intérieur, il releva vivement son capuchon et donna une claque sur la cuisse du mauvais plaisant, si fortqu'il en ressauta. Le Brigadier prit un air embarrassé, personne ne dit mot et un silence de mort régna pendant que les chevaux, blancs d'écume et de givre, soufflaient au sommet d'une rude côte.

Burleigh et l'Oncle Jerry se regardèrent à la dérobée cherchant à comprendre ce que tout cela voulait dire, et ne sachant comment concilier le mutisme préalable et la grossière loquacité actuelle des deux voyageurs.

Néanmoins, ce petit incident n'eut pas de suites, et jamais partie de chasse ne fut plus joyeuse, plus bruyante, plus animée ; il y avait quatre traîneaux attelés chacun de trois chevaux, et de nouvelles recrues vinrent s'y joindre avant qu'on eût quitté les bords de la rivière. Les petits chiens étaient exaspérés d'ardeur ; ils sentaient la poudre et comprenaient très-bien qu'il s'agissait de quelque gibier solennel, plus important que l'ours, le loup, ou le renard, voire même le cariboo. Aussi quels bonds ! quelles culbutes ! parfois la meute entière disparaissait sous la neige trépignée trop étourdiment, et ne reparaissait à la surface qu'après s'être ouverte une voie souterraine. Le vieux Watch ne partageait point ces idées folâtres, et gardant son sérieux d'une façon imperturbable se réservait pour les grandes occasions.

On courut vaillamment pendant près d'une heure sur la lisière des grands bois, mais bientôt il fallut traverser des fourrés presque impraticables. La neige amoncelée et moutonnante comme les vagues de la mer opposait aux chevaux de continuels obstacles qui les faisaient souvent culbuter entraînant avec eux les traîneaux. Mais tout l'équipage était bientôt remis sur pied et la course continuait avec une nouvelle ardeur.

Il ne faisait presque pas de vent ; mais le froid était rude ; il gelait à pierre fendre. Tous les érables à sucre avaient leurs écorces largement crevassées ; c'était un temps favorable pour la récolte du sucre. Seulement les gelées extraordinaires qui venaient de se déclarer avaient arrêté tous les travaux ; les chasseurs aperçurent, sur leur route, de nombreux établissements forestiers abandonnés, demi-ensevelis sous la neige ; les nombreux fourneaux, marmites, chaudrons et cuves étaient gelés et disloqués par la rigueur excessive de la température. Toute une armée de travailleurs venus des quatre coins de l'horizon avaient disparu comme une volée d'oiseaux de passage.

Le Brigadier profita d'un campement encore assez bien frayé pour y faire halte, donner à boire et à manger aux chevaux. Son premier soin fut de rompre le silence qui lui pesait, et de rétablir la bonne harmonie dans la petite troupe.

— Y a-t-il des érables à sucre dans votre pays. demanda-t-il à Frazier aîné.

— Oh! oui: ils forment bien le quart de nos forêts.

— Diable! Faites-vous du sucre?

— Pas beaucoup. Nous ne sommes pas assez patients. Mais les Français en fabriquent passablement.

— Quelle récolte produit un arbre chez vous?

Frazier hocha la tête et regarda le maître d'école comme pour l'appeler à son secours. Ce dernier qui lui gardait encore un peu rancune, ne se pressa pas de répondre à ce muet appel; néanmoins, voyant dans les yeux du jeune homme une intention conciliatrice, il se prêta de bonne grâce à faire la paix.

— Je crois, sir, dit-il, que sous la latitude dont il s'agit, le rendement d'un arbre ne doit pas excéder deux pounds (livres).

— Pas plus que ça ! interrompit le Brigadier ; comment, farceur ! ici on tire jusqu'à six pounds par pied de bonne venue comme ceux que nous voyons. Tu le sais bien, Iry.

Le maître d'école fit un signe affirmatif.

— Et cette année je gage qu'on passera six. Qu'en penses-tu, Iry?

— Je le crois, jamais saison ne fut plus favorable ; je n'avais, aussi, jamais vu tant de cabanes et de fourneaux.

— Oui vraiment ! j'en suis *épaté*.

Frazier, à ce mot, partit d'un gros éclat de rire, et la cordialité régna sans le moindre nuage.

Midi était arrivé ;... l'heure du dîner lorsqu'on était au logis : le Brigadier n'eut garde de l'oublier. Après avoir réuni tous les joyeux convives, y compris les chiens, il plongea les mains sous les couvertures, dans les mystérieuses profondeurs de son traîneau, et en retira toute une cargaison de vivres solides et friands, de liquides aussi agréables à voir et à sentir qu'à boire. Puis, se sentant en gaîté, il bondit à pieds joints hors du sleigh et retomba sur ses pointes aussi légèrement qu'eût pu le faire Fanni Essler ou toute autre demi-déesse aérienne.

Le repas commença et fut signalé par de prodigieuses prouesses de mâchoires. Dès ce moment les chasseurs avaient cessé d'être solitaires ; de grands corbeaux grisonnants, commencèrent à tournoyer autour d'eux attendant les restes du festin ; plus d'un écureuil voltigea de branche en branche dans leur voisinage ; pendant que gagnant silencieusement le dessous du vent, un grand loup maigre ou un renard explorait les broussailles, en flairant avec inquiétude et convoitise ces odeurs inusitées d'hommes et de pâtés, de chevaux et de grillades, de chiens et de poissons frits.

Le bruit de la calvacade avait aussi excité l'attention des habitations disséminées çà et là sur la litière des bois : des forestiers, des trappeurs, des settlers, étaient accourus pour voir passer cette chasse bruyante ; les uns, arrivés trop tard, n'apercevant rien, avaient frissonné en pensant que ce pouvait bien être la chevauché fantastique des *huit joueurs de quilles*, ou une vision de l'autre monde ; les autres, après avoir observé les empreintes des traineaux, et celles des chevaux, avaient regardé d'un air de méfiance dans la direction de la vieille hôtellerie, bien connue pour être hantée, et avaient grommelé quelques mots impolis à l'adresse du Vieux Chasse-Diable, autrement dit l'Oncle Jerry.

Mais, en vérité, le digne homme s'inquiétait bien peu de ce qui était autour de lui ou derrière : avant et après le diner, *siffler* une copieuse goutte de Brandy ; bien manger, bien rire, parler joyeusement, ce fut, pendant une heure, son unique affaire ; après quoi la galopade recommença avec accompagnement obligé de grelots d'aboiements, et de cris joyeux. Watch lui-même, le vieux Watch se répandit en gambades, en mugissants aboiements, comme s'il eût rajeuni ainsi que son maître.

Vers la tombée de la nuit tout ce fracas fut appaisé, il fallut songer au repos. Les roquets furent rappelés et attachés, avec permission de se coucher dans les traineaux.

L'Oncle Jérémiah remarqua dans le temps

des signes précurseurs du dégel; il en fit l'observation à Burleigh:

— Si l'atmosphère est assez radoucie, après demain soir, dit le jeune homme, nous pourrons marcher avec nos raquettes, nous laisserons les chevaux au campement.

— Oui, Iry, il y a chance pour cela. Je vois que vous connaissez l'affaire, quoique, à mon avis, vous n'ayez jamais dû voir de moose dans ces montagnes. Si nous manœuvrons bien, nous serons bientôt sur les talons de ce gaillard-là; dans tous les cas, nous sommes sûrs de la vache et des veaux, si le mâle est obligé de faire la trace.

— Ne nous pressons pas, sir; voici le moment de camper; il nous faut encore un jour pour atteindre la piste.

A ce moment un chien aboya; un autre lui répondit; il n'en fallut pas davantage pour mettre sur pied toute la meute qui se mit à crier du haut du gosier.

— Paix là! paix canaillée! hurla le Brigadier en joignant aux paroles l'éloquence du fouet. Il ne faut pas leur laisser faire tout ce vacarme qu'on pourrait entendre à cent milles à la ronde;

le moose en prendra l'alarme. Bon! voilà encore! on va vous museler, mauvaise race! sans quoi vous ne ferez que des sottises.

— Comme vos yeux brillent, master Burleigh! dit tout à coup Luther après un long silence.

— Là ! là ! doucement dit le Brigadier ; la jeunesse doit apprendre à tenir sa langue muette... elle fera bien de commencer ce soir.

— D'autant mieux, répliqua Burleigh, que le simple bruit d'une branche rompue fait souvent fuir le moose à vingt ou trente milles tout d'une traite: çà à l'oreille si fine ! Les Indiens, qui l'appellent « Aptaptou, » prétendent qu'il entend l'herbe croître et les étoiles marcher.

— Voici une expédition magnifique, et un beau temps, Ira, hein ?

— Mieux que ça, incomparable si nous pouvons marcher en raquettes comme je l'espère.... Oui, le vent a changé, l'air se radoucit.

— C'est bien ce qu'il nous fallait, reprit joyeusement le Brigadier en se frottant les mains. Où sommes nous, à peu près ? demanda-t-il à Bob Frazier.

Celui-ci roula des yeux inquiets autour de lui, regarda tour à tour les collines et les vallées, puis il chercha à sonder l'épaisseur des bois ; enfin il leva les yeux en l'air murmurant quelques mots sur « l'Étoile polaire », et ne sut que dire ; il avait l'air tout ahuri et déconcerté.

Le Brigadier le contemplait avec inquiétude ; Burleigh, toujours imperturbable, gardait une tranquillité parfaite, mais de singulière apparence.

— Je vous déclare, Général, dit enfin Frazier, que je suis tout dérouté. Nous avons traversé et retraversé les bois en changeant si souvent de direction que... sur la piste... dont nous avons parlé... : mais voyons ce que dira mon frère. Hé ! Joë !

— Qu'est-ce qu'il y a, Bob ?

— Venez par ici, voulez-vous ?

Joë, d'un saut fut près des causeurs.

— Êtes-vous un peu en pays de connaissance, Joë ?

— Quelle connaissance ?

— Allons, bon ! où sommes-nous, je dis ?

— Ma foi, non ! depuis les vingt derniers milles, je n'y connais rien.

— Malédiction ! et pourquoi n'as-tu rien dit ?

— Que voulais-tu que je dise ? je pensais que tu

savais ton affaire : tu marchais en avant, je n'avais qu'à te suivre.

— Vous êtes parfaitement sérieux, Joë?

— Parfaitement!

— Vous savez ce que vous dites?

— Très bien, Bob!

— Je vous en fais mon compliment! consultons le maître d'école.

— Vous ferez bien : les effets de la neige m'éblouissent, la poussière glacée m'entre dans les yeux, je suis gelé.... vous pouvez voir toute ma respiration sur ma peau de buffle.

— Oh! étourdi! soyez donc sérieux une fois en votre vie!

— Parlez au Brigadier.

Ce dernier hocha la tête :

— Je ne suis pas familier avec ce pays ; il y a une douzaine de milles, j'ai vu un sentier qui mène à un campement fait depuis cinq ou six ans. Mais ici je suis tout à fait hors de ma latitude.

— Qu'allons-nous faire, maintenant? dit Joë.

— Ce que nous allons faire...! répliqua Bob;... piquer droit, et faire encore une bonne traite d'ici à la nuit; ensuite nous tiendrons consultation.

Car nous ne pouvons songer à battre en retraite; n'est-ce pas l'ancien...? pardon, sir : que dites-vous de cela ?

— Jamais ! répondit le vieillard avec énergie ! allons ! garçons, tenons un conseil de guerre :

Chacun se réunit autour de lui, et il ouvrit ainsi la conférence :

— Mes amis ! la première question à l'ordre du jour est celle-ci : où sommes nous...? où diable sommes-nous ?

Personne ne répondit ; la question fut réitérée avec un grand sérieux, sans résultat : alors l'Oncle Jérémiah commença à jeter autour de lui des regards mécontents.

— Demandez à M. Burleigh, fit Joë en l'indiquant de la tête.

— Voyons, Iry, dit le Brigadier en se tournant vers lui ; que dis-tu...? as-tu quelque idée du lieu où nous sommes ?

— Parfaitement ; je connais très-bien tout le voisinage : nous sommes à vingt milles, nord-est, du lac Moose-Head.

— Pas possible !

— Et si nous sommes sages, nous camperons dans le bois le plus proche, pendant qu'il fait encore assez jour pour trouver une source ; et nous ne devons pas perdre une minute.

— Vite ! campons. mes garçons ! Où trouves-tu le bois le plus proche ?

— Par ici, répliqua Burleigh ; et je serai bien étonné, si après demain à l'aurore, je ne vous mène pas droit au bouquet d'érables, près duquel les deux étrangers ont remarqué les arbres écorcés et la neige piétinée.

— Tu parles d'or, Iry ; touche-moi la main !

— Hurrah, pour nous ! cria Luther.

— Hurrah ! hurrah ! répétèrent en écho Peletiah et le cocher, s'escrimant à qui montrerait les meilleurs poumons.

L'itinéraire ainsi tracé devenait facile et immanquable. Les deux voyageurs ne purent contenir leur allégresse : un roquet hurla d'une façon lamentable, Watch répondit par un sourd grondement ; Joë venait de leur pincer la queue en signe de réjouissance.

— Paix là ! sir, dit impérativement le Brigadier ; nous voici dans le bois.

L'entrée de la cavalcade sous les voûtes sombres des feuillages eut quelque chose de fantastique ; les échos des clairières renvoyaient au loin le tintement des grelots, le bruit sur la glace des pas précipités des chevaux, les cris brefs de leur conducteur : les longs arbres recourbés en berceaux étaient empourprés des derniers rayons du soleil couchant, qui leur envoyait sa gloire lumineuse à travers les brumes du soir : on aurait dit une gigantesque illumination allumée par quelque esprit de la forêt en l'honneur des nouveaux arrivants.

Une heure fut employée à fouiller les broussailles, à se frayer passage au travers des fondrières où les chevaux disparaissaient sous la neige, à batailler contre les avalanches qui roulaient des hauteurs : enfin on atteignit un plateau bien abrité que le maître d'école déclara parfait pour le campement.

— Encore une poignée de main, Iry ! s'écria le Brigadier au comble de la joie ; tu es un homme, toi !

Les chevaux furent aussitôt débarrassés de leurs harnais, couverts de peaux de moutons, et solidement attachés : ensuite, jouant activement de la hache, chaque chasseur s'occupa de faire place nette, et en quelques instants le sol fut aplani. La neige, rejetée tout autour en forme de rempart circulaire, formait un abri haut de cinq ou six pieds ; un grand cèdre aux larges branches formait le toit; sous cet abri furent amoncelées des broussailles sèches qui devaient former les lits. Peletiah, sous la direction de Burleigh, ouvrit un sentier conduisant à la source, qui bientôt jaillit librement, débarrassée de la neige.

Avant la nuit, un vaste amas de fougères, de ciguës, de jeunes pousses de cèdre, avait été disposé en forme d'abri de manière à fournir en même temps des siéges moëlleux qui tous faisaient face au feu. Les branches les plus longues, appuyées contre celle du grand cèdre, continuaient le toit jusqu'à terre et complétaient le confortable du campement. La cheminée n'avait pas été oubliée, un trou au centre de l'édifice en remplissait les fonctions.

L'établissement fait, et le feu brillamment allumé, on donna à boire et à manger aux chevaux, et on leur mit jusqu'aux jarrets une litière abondante. Les chiens aussi firent un bon repas ; leurs lits, naturellement, furent ceux des chevaux ; ils s'installèrent avec joie dans cette broussaille parfumée, et s'endormirent après avoir donné à leurs maîtres un coup d'œil de reconnaissance

— Il faut être bon pour les bêtes, disait le Brigadier, elles sont bonnes pour nous.

Les animaux ainsi pourvus, les chasseurs songèrent à eux-mêmes : le feu clair et chaud brûlait déjà dans un foyer improvisé de pierres amoncelées ; une vaste théière commença ses joyeux murmures qui s'exhalèrent bientôt en odorants tourbillons ; la table, un énorme tronc d'arbre équarri, fut, en un clin d'œil, chargée de provisions ; des bougies extraites des baies de l'arbre à cire fournissaient l'éclairage le plus satisfaisant. Chaque membre de la petite troupe avait industrieusement mis la main à l'œuvre : il n'y en avait pas un qui ne fut familier avec la vie au désert.

Le souper fini, chacun s'installa à son gré autour du feu, et après quelques mots de conversation interrompue, on garda le silence.

Le Brigadier s'était adossé contre un sac d'avoine, avait joint ses mains sur ses genoux relevés, et tenant ainsi les pieds en l'air, contre le feu, il restait immobile, les yeux béatement fermés.

— Comment vous trouvez-vous, Père, demanda Luther : un peu raide, hein ?

6.

— Pas le moins du monde, Luther.

— Et vos rhumatismes ?... et vos béquilles ?...

— Laissons tout ça à la maison, Luther.

La conversation en resta là ; Luther, alors, se tourna vers le maître d'école qui était fort occupé à observer Frazier aîné en homme qui cherche un souvenir demi-effacé, ou qui sonde un mystère. Le plus jeune des deux étrangers étendu sur une pile de couvertures, les jambes en l'air, fraternisait avec le vieux Watch en lui grattant les oreilles et lui faisant donner la patte.

— Enfants ! il nous faudra être sur pied demain matin, longtemps avant les premières lueurs de l'aurore, dit le Brigadier.

— Et être prêt à une rude besogne, ajouta Burleigh ; ce n'est pas un jeu d'enfant que d'affronter un moose, en cette saison de l'année, par une neige épaisse, alors que ses andouillers sont grands, et qu'il a avec lui sa femelle et ses petits.

— Bah ! vous ne prétendez pas dire qu'il y ait du danger, master Burleigh, demanda Luther avec le plus vif intérêt.

— Demandez à votre père ?

— Serait-ce vrai, Père ?

— Certes, oui! j'aimerais mieux escarmoucher avec un chat sauvage, avec un ours même, n'ayant d'autre arme que mes mains, qu'avec un moose mâle, lorsque son bois est jeune et qu'il a sa femelle et ses petits à défendre.

— Que dites-vous là, général? demanda brusquement Frazier aîné, est-ce qu'on va à la chasse sans armes?

— J'entends, armé d'un couteau de chasse seulement: car pour une lutte corps à corps un fusil ne sert de rien.

— Étant avec mon père, n'avez-vous pas eu une fameuse prise, en chasse, il y a quelques années?

— Oui, il y a un demi-siècle au moins; c'était un fameux chasseur! et qui ne craignait aucun être vivant sur terre. Ah! ah! nous avons fait plus d'une partie ensemble, de Québec au Labrador.

— Quelle est la meilleure saison de chasse? demanda Joë.

— Je le sais parfaitement. Quelquefois c'est mars, d'autre fois septembre. En septembre elle est plus dangereuse, car c'est la saison du rut; ils courent çà et là au travers des bois avec une telle violence qu'on les entend des trois milles sur les eaux du lac Moose-Head. Alors, si deux mâles se rencontrent, ils se battent avec une fureur inimaginable, se frappant de leurs longs andouillers, des pieds de devant, se renversant par terre, jusqu'à ce que l'un des deux soit mort ou hors de combat ; le sol est déchiré tout autour des combattants, des poignées de poils sanglants jonchent la terre, c'est à faire trembler. En mars, il fait meilleur pour cette chasse : qu'en dis-tu, Iry ?

Le maître d'école fit un signe d'assentiment.

— Et pourquoi ? demanda Frazier ; excusez mes questions, je cherche à m'instruire avant d'être à la besogne.

— Parce que en mars, le soleil fond la neige, répondit le maître d'école ; la nuit, une croûte de glace se forme, et le moose ne peut pas voyager bien loin.

— En vérité ! et pourquoi ?

— Parce que cet animal meut ses pieds perpendiculairement et que le tranchant de la glace lui blesse les jambes.

— Oh ! quelle affaire ! s'écria Luther.

— Bonté divine ! je n'avais jamais entendu pareille histoire ! ajouta Peletiah.

— Quand la neige est tendre, ils sont hors d'affaire, continua le maître d'école, car ils peuvent *aire la trace*.

— *Faire la trace ?* Qu'est-ce que ça veut dire ?

— Cela veut dire qu'ils plongent dans la neige, y ouvrent un chemin avec leurs épaules, et tracent ainsi un chemin.

Alors, c'est le moment de chausser les raquettes, hein ?

— Oui ; mais croyez-moi, ce n'est pas une agréable besogne de suivre avec des raquettes un grand moose : avec son trot allongé, il prend toujours l'avance ; si on n'a pas de petits chiens légers pour le harceler, on est exposé à courir après lui plusieurs jours, plusieurs longs jours, sans l'atteindre.

— De petits chiens ? Pourquoi pas de gros ?

— Parce que les roquets l'inquiètent en lui mordant les jambes ; ils tournent autour de lui sans casser la croute de glace, car leur poids n'est pas assez fort pour cela : le moose est ainsi retardé dans sa fuite, le chasseur a le temps d'arriver. Au contraire, les gros chiens ont la mauvaise habitude de lui sauter à la gorge ou au mufle ; l'animal les éventre d'un coup de pied de devant, et passe son chemin.

— C'est bien ça ! bien ça ! très-exact ! s'écria le Brigadier : Le mufle...

— .... Est le manger le plus délicat du monde, interrompit Burleigh, apprêté comme la tête de veau.

— C'est presque aussi bon que la moelle tirée toute chaude de l'os de la jambe, mangée en tartine comme du beurre, poursuivit l'Oncle Jerry.

— Ou bien le filet tout cru, dit Joë ; c'est la part du chasseur ! Ou bien encore la langue.

— ... Tout cru : il y en a qui mangent du moose cru ! demanda Luther regardant Burleigh d'un air ébahi.

Le Brigadier éclata de rire en voyant l'attitude ahurie du pauvre Luther.

— Oh ! oh ! mon garçon ! tu en apprendras encore bien d'autres, avant d'être capable d'attaquer tout seul un moose.

— Comment est-ce gros, un moose ? vous en

avez vu, Père ? poursuivit Luther ; quelle est la dimension de ses cornes, ou andouillers, comme les appelait tout à l'heure Master Burleigh ? Vous n'avez pas encore répondu à cette question, Père ?

— Tu ne m'en laisses pas le temps... tu fais trois questions à la fois.

— Est-ce lourd, un moose ?

— Il y en a qui dépassent douze cents livres ; mais huit ou neuf cents forment déjà un joli appoint.

— Et... est-ce bien haut, Père ? à quoi ça ressemble-t-il ? je voudrais bien le savoir avant de m'endormir.

— Vous dormiriez tous déjà, si vous aviez songé qu'il faudra être sur pied demain matin deux heures avant le jour. Cependant je veux bien répondre à ta question, seulement je prie Iry de parler pour moi ; écoute-le.

— Je veux bien, sir, dit aussitôt Burleigh ; c'est une grande, farouche, énorme créature de l'espèce-daim, avec une tête colossale.

— Ressemblant à une tête d'âne, hein ? observa le Brigadier : n'est-ce pas, Iry ?

— Oui, un peu ; mais plutôt à celle d'un *che-*

val de rivière, le behemot, ou autrement dit l'hippopotame du Nil.

Tous les auditeurs ouvrirent de grands yeux et prêtèrent avidement l'oreille. Le Brigadier, qui avait commencé son installation de nuit sur un volumineux amas de fourrures, se releva sur son coude et écouta comme si ces détails eussent été entièrement nouveaux pour lui. Le maître d'école continua :

— ... Avec de longues oreilles, une queue et un cou très-courts ; la crinière rude, épaisse, hérissée ; le bois, *palmé*, long de cinq pieds, occupant parfois jusqu'à quatre pieds en largeur ; la corne du pied est fourchue ; le poil long est abondant sur le cou et le dos, est court et soyeux sous le ventre.

— Quelle est sa couleur ?

— Rouge-brun, dans l'hiver, et chez les jeunes ; cette teinte tourne au brun noir chez les adultes : c'est pourquoi quelques naturalistes l'appellent « Cerf noir d'Amérique. »

— Que dites-vous là !

— J'ai mesuré un moose : du nez à la queue, il avait sept pieds deux pouces ; de l'épaule au sabot, il avait cinq pieds.

— La taille d'un cheval de seize palmes ! mon pauvre Luther ! ajouta le Brigadier.

— Tous les mâles ont des cornes ou bois, qui tombent chaque année ; chez les jeunes, elles sont à l'état de bouton ; à quatre ans les *palmes* se montrent ; à cinq ans le bois est complet.

— Vous n'avez plus rien à dire ? soupira Joë.

— Non, plus rien que je sache.... ah ! il faut mentionner une espèce de glaude hérissée de poils rudes comme ceux d'un sanglier, longue de dix ou douze pouces, pendant sous son cou.

— Une... quoi... ? Master Burleigh, demanda Luther.

— Une *glaude* ou *poche* poilue, sir.

— Est-ce possible ! s'écria Luther parfaitement satisfait de cette explication.

— ..... Pendante sous la gorge, mon garçon, ajouta le Brigadier ; juste où vous devrez viser, si le hasard place un moose devant la mire de votre fusil, la tête en avant.

— Autrement, il faudrait viser au défaut de l'épaule, s'il ne présente pas le poitrail, ajouta

Burleigh,..... ce qui arrivera pourtant toujours si vous êtes froid et patient.

— Et, reprit le Brigadier, si vous n'avez pas un sang-froid de concombre, et une présence d'esprit parfaite, laissez-moi vous dire, mon cher garçon, qu'à la première rencontre d'un moose passant à travers branches et arbres avec un bruit de tonnerre ; rasant, comme avec la cognée, des arbres gros comme le bras ; soufflant, bondissant, lançant des éclairs par les yeux ; vous formerez des vœux sincères pour être bien loin, dans un bon lit, par exemple !

— C'est déjà mon opinion, Père, je me garde bien de vous contredire : si vous voulez je garderai le camp demain, je laisserai partir les vieux chasseurs plus aguerris.

— Adopté : mais il te faut un compagnon ; Peletiah restera, il bâtira une cheminée en écorce de pin, cela conduira haut la fumée et nous servira de point de ralliement. Le voisin Smith vous fera société.

— Père !

— Quoi, encore ?

— Tout bien réfléchi, Père... je resterai ici.

— Oui ; tu cacheras ta tête sous les branches

au premier bruit, comme Saul, fils de Kish, répliqua le Brigadier en riant à gorge déployée.

Tout le monde l'imita : mais bientôt, à un signal donné, chacun se coucha et s'endormit d'un profond sommeil.

CHAPITRE V

LA CHASSE

Deux heures avant le jour, tous nos chasseurs étaient debout et prêts à partir. Le déjeûner ne fut pas négligé ; ensuite, le Brigadier réunit un nouveau conseil de guerre, parla des diverses opérations de la journée, des dispositions à prendre, puis, se tournant vers le maître d'école :

— A vous, Iry ; tracez-nous les lois de la chasse.

— Je vous demande pardon, sir ; vous seul devez parler sur ce point, comme notre ancien et notre maître.

— Le plus ancien, pas le meilleur, Iry.

— Bravo ! s'écria Joë, c'est original ; on dirait un échange de litanies entre un Quaker et un Méthodiste.

Chacun sourit, mais le vieillard insista pour faire parler Burleigh :

— Allons ! allons ! Iry, nous n'avons pas une minute à perdre ; dis-nous ce qu'il y aura à faire, n'oublie rien.

— J'obéis volontiers, sir. Quelqu'un a-t-il une carabine parmi nous ?

Après un instant de réflexion plusieurs répondirent :

— Non, sir, nos fusils sont à canons lisses.

— A deux coups ?

— Non, à un coup.

— Chargés à balle et à chevrotines ?

— Oui.

— Bien : éclaircissons entièrement cette question avant de passer à une autre. Que les bons tireurs, sûrs de leur coup à balle franche, se rangent près de moi.

Le Brigadier et Joë, leur arme à la main, se placèrent à ses côtés.

— Pourquoi parlez-vous de balle franche, Iry ? demanda le Brigadier.

— Je ne me sers jamais de chevrotines.

— Diable !

— Maintenant, comprenez bien ; nous sommes

la réserve : gardons-nous bien d'avoir des chevrotines dans nos fusils, car nous pouvons être obligés de tirer lestement à grande distance ; dans ce cas la chevrotine écarte, une balle, seule, va droit au but.

— C'est vrai, Iry ; et la chose en vaut la peine quand il s'agit de vie ou de mort, ajouta le Brigadier.

— Vous avez raison, sir. Le reste de la troupe chargera ses armes avec une balle et des chevrotines.

— Ceci vous regarde, frère Bob, et vous aussi Peletiah, ainsi que ce jeune brave qui demande de rester à la garde du camp : hein ? dit Joë.

— Tenez-vous tranquille, je vous prie, repartit Bob. Allez toujours, master Burleigh, n'avez-vous plus rien à expliquer ?

— Si : convenons bien que, lorsque nous serons séparés, nul d'entre nous ne tirera un coup de fusil, pour quelque prétexte et sur quel gibier que ce soit, si ce n'est sur un moose. Quelque grande que soit la tentation ! répondez à cela, messieurs.

— Convenu ! admis ! adopté !

— Enfin, une dernière recommandation : lorsque nous serons sur la piste, il faudra marcher sans bruit, sans dire un seul mot ; lorsque nous serons proches du gîte, pas un souffle ! pas un murmure ! sur votre vie ! si vous apercevez l'animal ; pas un signe de main ! un silence d'ombre ! car le mâle broute la tête haute, l'oreille tendue, lorsque sa femelle et ses petits sont avec lui ; il est toujours sur le qui vive, écoutant, broutant, écoutant encore, et saisissant avec une prodigieuse finesse le moindre son qui surgit au loin. J'en ai vu que le craquement de la raquette faisait fuir comme le vent, à plusieurs milles de distance.

— J'en ai perdu un, une fois.., un énorme ! dit le Brigadier, au bruit qu'a fait un glaçon en tombant ; il est parti comme une sauvage créature au moment où, le doigt sur la détente, j'allais lâcher mon coup.

— Notez bien, continua Burleigh, que le moose se gîte toujours sur le versant méridional des montagnes ; par ce moyen vous saurez prendre le dessous du vent en marchant sur lui.

— Le dessous du vent... que diable est-ce çà ? demanda Luther.

— C'est marcher ayant le vent en face, mon garçon, expliqua le Brigadier.

— Autrement, poursuivit le maître d'école, vous ne réussirez jamais à le joindre, il vous éventerait bien longtemps avant que vous pussiez l'apercevoir.

— Encore quelque chose à dire ?

— Plus qu'un mot ; quand nous serons séparés, vous serez exposés à vous perdre dans les bois ; pour vous guider, prenez d'avance vos points de repère, consultez la mousse sur les arbres, les pentes de la chaîne montagneuse, l'étoile polaire lorsque vous pouvez la voir, comme maintenant ; vous pourrez ainsi rabattre droit sur le campement. Le premier qui trouve une trace, ou qui remarque des arbres écorcés, doit en donner avis aux compagnons le plus diligemment possible.

— Comment ? en tirant un coup de fusil ? demanda Bob Frazier.

— Mais non ! mais non ! sur votre vie, sir ! une fois sur la piste du moose il ne faut plus s'occuper que de la suivre, sans se détourner d'un pas, sans jeter un cri, sans souffler, pour ainsi dire ; il faudrait marcher en l'air sans rien toucher : autrement il disparaîtrait lui et sa famille.

— Quelle famille ?

— Sa femme, ses petits ; quelquefois, avant la saison du rut, on trouve deux ou trois familles réunies.

— Est-ce tout ? demanda Joë.

— Oui. Ah ! pardon ; un instant encore ! j'oubliais quelque chose. Quelques uns d'entre vous ne sont, je crois, pas très-expérimentés ; qu'ils retiennent bien ce que je vais dire ! Si, dans l'ombre du bois, vous entendez la course impétueuse et bruyante de la bête fauve qui passe comme un ouragan, broyant tout sur son passage ; si vous êtes convaincu que c'est le moose ; si vous croyez pouvoir tirer au jugé, sans l'apercevoir ; tirez, mais souvenez-vous que si, par malheur, ce n'est point un compagnon de chasse que vous ayez tué, si vous avez blessé le moose, instantanément il sera sur vous, vous n'aurez d'autre ressource que de lui vendre chèrement votre vie.

— Hé ! hé ! voilà un jeu qui peut devenir sérieux ! observa Frazier jeune ; les relations avec ce gibier là ne sont pas sans danger.

— Très-dangereuses ! si on ne prend pas bien

ses précautions. Les jeunes chasseurs sont souvent des causes de tribulations, ils tuent ou estropient leurs camarades, ils font manquer des occasions superbes ; c'est leur impatiente exaltation qui les pousse à mal.

— Prrrrou ! fit Joë, voyez le général ! comme il est loin en avant !

— Ah ! il nous fait des signaux, reprit Burleigh ; rejoignons-le vivement, il paraît avoir besoin de nous.

— Mais vous venez de nous dire qu'il ne fallait même pas faire des signes, master Burleigh...

— Sans doute, lorsqu'on est sur la piste, et qu'on croit l'animal proche ; mais en pleine clairière, comme ici, cela n'a aucun inconvénient. Hallo ! quoi de nouveau dans le vent ! Voilà Oncle Jerry sur la lisière du bois, sans nous avoir attendus : il faut qu'il ait trouvé quelque chose, il va dans la bonne direction, courons vite ! Ah ! sur ma vie ! voilà Luther, eh ! Luther !

— Eh bien ! quoi ?

— Regagnez le campement, je vous prie ; emmenez Watch avec vous. Nous n'avons besoin ni de l'un ni de l'autre, pour le moment.

— Il ne voudra pas me suivre, il voit le père et tire de son côté ; il m'entraîne sur la glace.

— Liez-le avec une bonne corde et ne le laissez pas échapper ou il arriverait malheur à lui et à nous ; d'ailleurs vous en avez besoin pour la garde du camp.

Luther et Watch se retirèrent l'un traînant l'autre, ou étant traînés en quelques places glissantes.

— En avant, les amis ! cria Joë s'élançant vers le bois.

— Hoo ! hoo ! en avant ! répéta une voix étrangère ; et que le diable emporte le dernier !

Chacun se retourna étonné ; tout-à-coup les deux Frazier poussèrent une exclamation :

— Tiens ! c'est Ned ! Comment va, Ned ?

— Comment va, Rob ? et toi, Joë ? cria le nouvel arrivant, beau garçon vêtu d'un étrange costume, demi-chasseur, demi-militaire.

— D'où arrives-tu, Ned ?

— N'en parlons pas pour le moment ; marchons vite, si nous ne voulons pas que ce vieux Nemrod là-haut triomphe sur toute la ligne.

Sur ce propos, il partit en avant, faisant le plus étrange moulinet avec ses deux bras et marchant avec une surprenante rapidité sur ses raquettes longues de trois pieds et demi. Il eut promptement gagné l'avance sur le Brigadier, qui, de son côté, s'était arrêté au bruit pour attendre l'arrivée du nouveau venu.

— Hullo ! Édouard, c'est vous ! s'écria-t-il en le reconnaissant, d'où venez-vous donc ?

— De l'Est, là-bas, répondit le jeune homme en indiquant les plateaux inférieurs où était située la *Grande-Maison*.

— Est-il possible ! vous avez vu la vieille femme et les enfants ?

— Oui.

— Et comment les avez-vous laissés ?

— A ravir, tous ; excepté Lucy.

— Qu'a-t-elle donc ?

— On ne peut pas savoir... les nerfs peut-être.

— Bon ! bon ! ça ne me surprend pas ; elle devait se marier ces jours-ci, précisément ces jours... Ned.

— Ah ! fort bien ! alors n'en parlons plus. Le temps me durait de vous voir, et je suis venu vous dire un petit bonjour.

— Venez ici, mon garçon, je vous montrerai dans cinq minutes quelque chose qui vous fera dresser les cheveux sur la tête : voyez-vous, du côté du bois... non, non, pas là, plus loin, où on aperçoit une sorte de clairière ?

— Oui, je vois maintenant ; qu'est-ce que c'est ?

— Un pas accéléré jusque-là ! voulez-vous ?

— Vous ressemblez à ces héros de la Bible, qui à l'âge de soixante-dix ans avaient conservé leur vigueur de jeunesse, dit le jeune homme en s'évertuant à suivre le Brigadier qui marchait à pas de géant. Je ne connais pas un coureur qui voulût se charger de vous tenir pied.

— En vérité, Ned ? non ! mes jambes sont rouillées...

— Il n'y paraît guère... vous êtes un homme d'or... ça ne rouille pas.

— Allons, Ned, marchons ! ce n'est pas là notre affaire pour le moment.

— En avant ! mais je tiens à dire que vous me faites croire au Juif-Errant.

Arrivé à la clairière, le vieillard ôta son chapeau, et appela vivement, par signes, les retardataires.

— Regardez, mes enfants, leur dit-il à voix

basse lorsqu'ils furent tous réunis; voyez-vous ça, là-bas devant ?

A ces mots, il leur montra des ondulations inégales qui se dessinaient sur la neige.

— Ah! dit Burleigh, vous avez raison, sir, voilà une trace sous la neige; je la distingue aussi clairement que si elle n'avait pas été recouverte.

— Serviteur, sir! murmura le Brigadier en levant les épaules; est-ce qu'il est tombé beaucoup de neige là-dessus? Vous voyez bien que non... D'ailleurs sur ce plateau découvert, le vent la balaye toujours; on dirait qu'il a plu en cet endroit:

— Je devine! riposta Burleigh, il y a une source chaude par ici, qui ne gèle pas, elle a ramolli la neige. Je vais voir ça!

— Ah! il est malin! dit le Brigadier en se frottant joyeusement les mains, pendant que Burleigh s'élançait dans le fourré.

— Quel est ce beau garçon, demanda l'étranger après avoir regardé tous les chasseurs debout, appuyés sur leurs fusils, tenant chacun un chien en laisse.

— Qui, Ned?

— Ce hardi gaillard, aux longs cheveux, qui bondit sur la neige comme une panthère, et dont l'œil transperce les bois.

— Ça ! tu ne le connais donc pas, frère ?

— Non vraiment.

— Eh ! c'est le maître d'école.

— Serait-ce monsieur Burleigh, Bob ?

— Oui, Ned ! Ira Burleigh, le maître d'école !

— Tonnerre et éclair ! tu ne sais ce que tu dis.

A ce moment Burleigh reparut dans une éclaircie, la main étendue, désignant du doigt l'abri formé par un sapin gigantesque.

D'un saut, tous furent auprès de lui et regardèrent avidement ; des empreintes parfaitement visibles, quoique saupoudrées d'un peu de neige fraîche, formaient un étroit sentier qui passait au pied d'un jeune arbre penché.

Le Brigadier tressaillit : les chiens se mirent à renifler avec ardeur, tirant sur leur laisse à la rompre.

— Nous ne sommes pas loin de la bonne voie, dit Burleigh sur un ton très-bas ; le bouquet d'érables à sucre que nous cherchons n'est pas à cinq milles d'ici. Voyez d'ailleurs, il y a là-haut un piége à moose, et rien n'a passé sur ce sentier depuis le grand orage.

— Un piége ? sir, qu'appelez-vous ainsi ? demanda Ned.

Burleigh lui montra le jeune arbre penché, qu'une corde mince tirait de force jusqu'au dessus du sentier; l'autre bout était attaché à un arbre, et dans le milieu était un nœud coulant maintenu par une détente.

Les chasseurs visitèrent ce piége dans le plus profond silence.

— Quel est le but de cette machine, sir ? demanda Édouard en regardant Burleigh avec une attention et une expression singulières, qui furent remarquées par tous les assistants.

— Je vous l'expliquerai volontiers. Le moose, en passant par là pour aller boire, engage son bois dans la corde que vous voyez, ses pieds font partir la détente; l'arbre se redresse et enlève l'animal qui reste suspendu sur les jambes de derrière.

— Et le pauvre diable meurt par voie de strangulation ! observa Bob Frazier.

— Cruel ! honteux ! dirent à la fois Joë, Ned et le Brigadier, qui ajouta en clignottant les yeux d'une façon comique : je ne me consolerais pas si j'apercevais là une de ces braves brutes, morte suffoquée.

— Coupons tout ça! s'écria Joë ; l'arbre se redressera.

— Gardez-vous-en sur votre vie ! répliqua vivement Burleigh ; c'est une loi de la chasse de ne jamais toucher à l'œuvre d'autrui. Cette trappe a été tendue probablement par quelque Indien Penobscot...; malheur à qui détruira ce piége, ou touchera seulement à la corde.

— Pshaw ! que les Penobscots soient pendus ! reprit Ned.

Et tirant son large couteau de chasse, il trancha la corde d'un seul coup, avant que personne eût pu l'arrêter ; l'arbre se releva avec une violente élasticité.

Le Brigadier le saisit par le bras d'un air sérieux.

— Jeune homme ! dit-il, vous avez fait une folie, une sottise grave ; et le meilleur conseil que je puisse vous donner, c'est de remettre les choses en l'état où elles étaient ; ployez l'arbre, rétablissez le piége, sans perdre un moment. Faudra-t-il que je le fasse pour vous ?

— Flamme et furie! non! Quelle peur vous avez.

— Peur?... oh! oh!... Master Burleigh, voudriez-vous avoir l'obligeance de replacer la corde.

Burleigh regarda le jeune téméraire, qui devint pâle, et après avoir murmuré entre ses dents quelques paroles inintelligibles, dit à haute voix :

— Laissez-moi faire, sir, continuez tous votre marche ; je réparerai ma faute, et j'en prends les conséquences à ma charge.

Ces mots furent prononcés avec une sombre irritation, et accompagnés d'un regard hautain qui contrarièrent le Brigadier. Mais bientôt, sûr d'être fidèlement accompagné par tous les autres chasseurs, il poussa en avant, laissant Ned libre de faire ce qu'il voudrait.

Sur leur route, ils rencontrèrent une cabane où étaient rangées des pièces de venaison demi-salées, demi-gelées ; il y avait des coqs de bruyère, des perdrix, des lièvres ; la moitié d'un cariboo était suspendue aux branches d'un arbre.

— Nous pourrons très-bien nous consoler si

nous manquons le moose, dit Joë en se disposant à décrocher une paire de perdrix placées plus bas que les autres.

— Non ! non ! par l'honneur, s'écria le Brigadier ; gardez-vous-en ! ce gibier est sacré. Les chasseurs en font souvent des réserves semblables pendant tout l'hiver, et j'ai quelquefois acheté chez moi, pour la mettre dans le sel, de la venaison qui était gelée depuis des semaines, peut-être des mois.

— Ma foi ! laissez-moi vous dire que vos chasseurs de mooses sont d'étranges farceurs, observa Bob Frazier ; je vous aime mieux qu'eux. En tout cas je déteste cette trappe à moose.

— Je ne dis pas non. Ce piége que nous venons de voir est l'ouvrage des Passamaquoldies, j'ai reconnu leur manière de faire à cette façon d'employer pour ressort une branche horizontale, comme dirait le maître d'école, qui tire la corde et serre le nœud coulant; alors la pauvre bête meurt plus vite, mais toujours en se débattant et poussant des beuglements pitoyables. Mais, nous ne sommes pas loin du gîte, peut-être; il doit être sur le flanc sud ou sud-est de ces collines ; qu'en pensez-vous, Iry ?

Le maître d'école fit un signe d'assentiment, et ajouta quelques mots sur la probabilité de rencontrer bientôt le bouquet d'érables.

— Quoiqu'il en soit, reprit le Brigadier, comme nous ne pouvons savoir où nous en sommes, le meilleur sera de ne plus rien dire maintenant.

— Oui, marchons dans le plus complet silence, suivant notre général jusqu'à ce que ses signaux nous avertissent de ce qu'il faudra faire, dit Burleigh ; alors chacun pour soi, seulement, il serait bon de nous tenir autant que possible à portée les uns des autres, afin de nous prêter mutuellement secours dans les moments critiques. J'ai vu les meilleurs chasseurs manquer leur premier coup de fusil. Il faut bien se méfier, si la créature n'est que blessée, elle vous charge avec fureur, ou vous lance d'affreux coups de corne au moment où vous la croyez expirante ; il ne faut s'en approcher qu'avec les plus grandes précautions.

A ces mots il poussa en avant, avec vivacité, comme s'il eût aperçu quelque chose:

Dans un moment de halte, Burleigh indiqua de loin à ses compagnons le bois le plus proche, en leur faisant signe d'y marcher à couvert. Midi était proche ; le Brigadier et les deux Frazier avaient une faim de tigres, ils firent un bref et sobre repas : du porc grillé, du biscuit de Medford, une goutte de rhum dans de la glace fondue ; tout fut expédié en quelques minutes.

Ils se dirigèrent ensuite silencieusement vers l'endroit où ils avaient aperçu Burleigh en dernier lieu, mais il avait disparu comme une ombre. Les jeunes gens se disposaient à l'appeler pour l'inviter à déjeûner. Le Brigadier les arrêta vivement, et pas un mot ne fut prononcé.

Tout à coup un souffle de vent leur apporta un bruit lointain ressemblant à celui que produit la cognée du bucheron froissant l'écorce d'un arbre. Après avoir prêté une oreille attentive, le Brigadier quitta ses raquettes et s'élança dans la direction du bruit, glissant silencieusement au travers des branches, rampant parfois, avançant avec une vitesse prodigieuse. Les deux Frazier le suivirent de leur mieux, avec beaucoup de peine.

Le bruit se rapprochait et devenait plus fort à chaque bouffée de vent ; bientôt on ne put douter que ce fut un moose qui broutait l'écorce des arbres ; seulement, la direction n'était pas facile à déterminer. Le Brigadier suivit la piste de

Burleigh, quoiqu'elle parût s'éloigner du bruit ; les autres passèrent chacun de leur côté ; bientôt ils furent dispersés, cherchant au hasard, déroutés par mille échos confus qui répercutaient les sons dans toutes les directions.

Soudain un coup de feu retentit, des cris se firent entendre : « hé ! hé ! garçons, lâchez les « chiens ! » Presque en même temps les broussailles frissonnèrent au passage d'une grande bête.

Une minute après, la voix de Burleigh retentit :

— Le voilà ! le voilà ! garde à vous ! il vient.

Chaque homme regarda son amorce et se tint prêt, l'œil sur le fourré. Les chiens furent lâchés et partirent en aboyant comme des furieux, toute la troupe s'élança après eux : on eût dit la chasse infernale de Freischütz.

Encore un coup de feu ! et du fracas dans le fourré : puis on entendit une lourde bête tomber dans les arbres en se débattant avec violence.

— Tête à lui ! faites-lui tête ! hurla le Brigadier ; ou bien il va gagner le bois !

— Il va là ! tayaut ! tayaut ! hurrah ! crièrent les voix éparses çà et là.

Et chacun courut au bruit.

Presque au même instant apparut comme un éclair, le moose fendant les taillis, la tête haute, le bois en arrière, se frayant un chemin large d'au moins six pieds ; il traversa une clairière, et en un clin d'œil disparut derrière un coteau : quelques secondes après, sa femelle et deux jeunes bondirent à sa suite.

Tout cela passa hors de portée ; pas un chasseur ne put tirer ni leur couper les devants ; mais dans la même minute les chiens passèrent, hurlant et courant comme des enragés. Deux nouveaux coups de feu se succédèrent rapidement et furent suivis de triomphants hurrah poussés par trois voix différentes : on put reconnaître celle de Ned Frazier ; (le dernier venu, qui était resté en arrière pour rajuster le piége).

— Un coup de main, là ! les enfants ! un coup de main ! cria le Brigadier d'un ton à se faire entendre à un mille à la ronde ; un coup de jarret ! en avant les raquettes !

Ned apparut sur la lisière du bois, rechargeant son arme. Plus loin se montrait le maître d'école caché derrière un gros arbre, le fusil en avant, prêt à faire feu.

— Par où a-t-il pris, Oncle Jeremiah ? s'écria ce dernier.

— Par ici ! répondit le vieillard ; suivons-le, ou bien nous le perdrons.

— Mais la vache et les petits ! observa Ned.

— Ne vous inquiétez donc pas de ces créatures, il y en a déjà deux de mortes, aussi certainement que voilà un fusil.

— Ne pourrions-nous pas au moins donner le coup de grâce à la mère ?

— Rien n'empêche, si toutefois la pauvre sotte nous attend jusque là pour mourir, dit le Brigadier ; allons ! voici les chiens, s'ils la trouvent ils vont lui faire un joli parti ! Halloo ! halloo !

Quelques pas plus loin on rencontra la femelle, blessée à mort, cherchant à se précipiter dans un ravin profond où elle aurait échappé à toutes les recherches ; le maître d'école l'acheva d'un coup de fusil au défaut de l'épaule.

Néanmoins, le mâle avait disparu ; il s'écoula bien une heure et demi avant que tous les chasseurs eussent chaussé leurs raquettes, et fussent prêts à suivre le Brigadier : les gros vêtements furent mis de côté ainsi que les fourrures, chacun se rendit le plus léger possible, pour être plus apte à faire une chasse à courre acharnée.

Ils eurent la chance de le rejoindre, grâce aux bons petits chiens, qui, ardents et légers, s'étaient ameutés autour de lui, et le harcelaient sans jamais s'exposer à son bois redoutable.

L'animal tenait tête, soufflait, faisait voler des tourbillons de neige en chargeant ses insaisissables ennemis. Chose étrange ! quoiqu'on fût au mois de mars, le magnifique animal n'avait pas perdu ses andouillers. Au lieu d'avoir affaire à une ramure naissante, on se trouvait en présence d'un bois prodigieux dont les pointes s'élevaient à plus de onze pieds du sol.

— Je comprends les frayeurs de la pauvre Liddy, et je crois à son récit, dit Burleigh au Brigadier lorsqu'ils se furent rapprochés ; quelles cornes ! entendez dans la feuillée ! il fait autant de bruit qu'une bande de chevaux sauvages, ou une horde de buffles !

— C'est vrai, Iry, répliqua le Brigadier en essuyant avec sa manche la sueur qui ruisselait de son front ; je n'ai jamais vu le pareil ! tu as raison, mille tonnerres! c'est le géant de son espèce.

— Et, comprenez-vous que les deux Frazier,

qui ont marché sur sa piste, vous aient affirmé ne pas l'avoir aperçu !

— Je saurai ce qu'il en est, répliqua le Brigadier en hochant la tête.

En effet, à la première occasion, il questionna les deux jeunes gens ; leur réponse fut vague : ils avaient bien aperçu une ombre sillonner le bois ; mais c'était la nuit, par le clair de lune, ils n'avaient pu bien juger l'animal, qui d'ailleurs avait passé hors de portée.

On entrait dans la plus chaude période de la chasse : tous les chasseurs étaient dispersés, sans avoir ensemble aucun moyen de communication. La plupart d'entre eux s'efforçaient de marcher avec le Brigadier ou le maître d'école, et, lorsqu'ils les perdaient de vue, ils suivaient leurs pistes autant que possible.

A force d'avancer, les hardis aventuriers avaient laissé derrière eux les basses collines ; ils parcouraient maintenant la région des grands bois où l'*Arbor vitæ* atteint des dimensions gigantesques, et s'élève à la hauteur de soixante pieds.

Le Brigadier était toujours le premier ; Burleigh et Ned Frazier le suivaient d'assez près ; le reste de la troupe venait ensuite comme il pouvait. Parfois, dans quelque clairière lointaine illuminée par le soleil couchant, on apercevait la gigantesque stature de l'Oncle Jerry se détachant brillante sur le fond sombre des bois ; le canon poli de son fusil reluisait dans ses mains comme une arme enflammée et magique ; au même instant il disparaissait comme un brouillard-fantôme emporté par le vent.

Après une rude ascension, Burleigh et Frazier se trouvèrent assez proches du Brigadier : ils le virent s'arrêter subitement comme quelqu'un qui écoute ; en même temps ils entendirent, sur leur droite, les graves aboiements d'un dogue :
« Par Jupiter ! » cria une voix qui sortait du fourré, « c'est le vieux Watch. »

Je parierais que Luther est pour quelque chose là-dedans, grommela Burleigh ; je vous le dis, M. Frazier, il est heureux pour lui que son père soit trop loin pour s'en apercevoir.

— N'entendez-vous pas des hurlements ? N'entendez-vous pas, Burleigh ? répondit Ned.

— Ce sont les loups, répliqua le maître d'école après avoir prêté l'oreille un instant ; ils se dirigent du côté de notre campement, tout en chassant un moose pour leur souper.

— Réussiront-ils ?

— Avec cette croute glacée qui couvre la neige, ils ont beaucoup de chances pour eux, car elle les porte sans se briser, tandis que le moose y plonge jusqu'au cou ; c'est là sa perte.

— Pauvre garçon !

— Ah ! un coup de fusil !... un autre encore.... et un autre ! j'ai vu la flamme ; ils sont proches.

Les glapissements des roquets, la voix grondante du dogue, les hurlements des loups se confondirent dans une diabolique harmonie qui s'éteignit peu à peu dans le lointain.

— Oui ! continua Burleigh, ils l'auront, le noble animal, plus d'espoir pour lui... Mais voyez donc, qu'y a-t-il de nouveau dans l'air ?

On apercevait le vieux chasseur épaulant son fusil, comme s'il allait faire feu ; un instant après il l'abaissa, traversa la colline en courant aussi vite qu'un moose, et disparut. Les deux jeunes gens s'élancèrent sans pouvoir le rejoindre ; ils ne purent même l'apercevoir.

— Ça ne s'est jamais vu, murmura Burleigh essoufflé ; cet homme là est prodigieux, rien ne le fatigue ; il arrivera à faire chasse tout seul, nous n'arrivons pas à la hauteur de sa cheville. Essayons de lui gagner les devants.

— Les devants ! je voudrais vous y voir ! j'aimerais autant tenir tête à un moose, et dans la saison du rut. Ce vieux coureur est d'une race d'acier ; tenez ! le voyez-vous ! voyez-vous là-haut ! au diable ! dans les nuages !

— Ma foi, courons du mieux possible, nous l'atteindrons quand nous pourrons ; c'est là le sort de la chasse.

Malgré tous leurs efforts, plusieurs heures s'écoulèrent avant qu'ils pussent atteindre « le vieux Nemrod », comme l'appelait Ned. Enfin ils l'aperçurent, quittant sa grande capote au pied d'un arbre.

— Ah ! nous le joindrons cette fois, s'écria Burleigh, je crois qu'il joue le bon jeu, il va droit au gîte ; peut-être y trouverons-nous deux ou trois familles réunies.

Ce fut pendant quelques minutes une vraie course au clocher entre les deux jeunes gens ; l'un cherchant à devancer l'autre.

Tout à coup, au détour d'un bois, ils tombèrent à l'improviste sur le Brigadier : il respirait bruyamment, appuyé contre un arbre, tous ses vêtements ouverts, en manches de chemise, s'éventant avec son large chapeau de feutre.

Le digne homme ne pouvait plus parler tant il était essoufflé ; il paraissait, du reste, parfaitement joyeux, et content de lui.

— Eh ! bien ! mon bon sir, demanda Ned qu'est-ce qu'il y a de nouveau ?

— Fusils chargés...?

— Oui.

— Je vois la fumée sortant de vos canons, master Burleigh.

Ce dernier fit un effort pour ébaucher un lamentable sourire ; il secoua la tête. Le Brigadier lui montra du doigt, à la distance d'un demi-mille, un objet noirâtre qui se dessinait sur la neige au pied de la colline la plus proche. Le maître d'école bondit sur lui-même, ses yeux lancèrent des éclairs.

— Vois-tu ça, mon garçon ! dit le Brigadier en lui frappant sur l'épaule.

— Quoi ? demanda Frazier, je ne vois rien.

— Comment ! ce point noir, là-bas, au bord d'un ravin....?

— Non, je ne distingue rien.

— Eh bien ! enfant ! c'est un moose.

— Un moose !

— Parbleu oui ! qu'en dis-tu, Iry ?

— Certainement ! mais voici la nuit, il s'agit de camper.

— Ici ! à présent ! tonnerre ! s'écria Frazier ; en vue du gibier...? que nous n'avons rien à nous mettre sous la dent pour souper...? sans abri contre le froid...? Malepeste ! nous aurons fait une belle fin de journée ! Nous serions de fameux niais si nous ne prenions pas garde que le thermomètre est à un demi-mètre en dessous de zéro.

— Il en sera pourtant ainsi, répliqua froidement Burleigh ; il n'y a plus rien à faire ce soir : demain, par exemple, je vous promets de tuer un moose. Pour aujourd'hui nous ferons comme nous pourrons : nous nous coucherons serrés les uns contre les autres ; des fougères, des broussailles de sapin nous serviront de matelas et de couvertures ; une tranche de salaison, un œuf dur feront notre souper.

— Vous vous croyez bien sûr de votre affaire pour demain, observa Frazier d'un air mécontent ; je ne parierais pas pour vous, moi, car j'ai mes pressentiments ; ils ne sont pas favorables.

— Enfant ! vous ne voyez pas que le gaillard fait ses préparatifs pour la nuit.

— Quels préparatifs?

— Eh bien! il va se coucher sachant bien qu'il dormira tranquille : faisons en autant lui.

— Vous avez de fameux yeux, général! Je n'aperçois rien, si ce n'est un vieux tronc d'arbre; et encore je ne suis pas sûr.

Le jeune homme avait une bonne raison pour ne pas voir, il regardait dans une direction tout à fait opposée ; il fallut que le Brigadier le prit par les épaules et pointa avec la mire du fusil, pour amener ses yeux dans la bonne ligne. Alors il fut convaincu, et remarqua même les mouvements de l'animal.

Chacun se mit à l'œuvre pour préparer le coucher : on creusa un trou dans la neige, on y empila des fougères, des ramilles de cèdre, de la mousse prise aux branches des sapins. Ensuite, les trois chasseurs s'y blottirent étroitement serrés l'un contre l'autre.

— Général! dit Frazier, prenez mon manteau, voulez-vous?

Le Brigadier refusa et dit avec un orgueilleux mouvement de tête :

— Je ne suis plus un jeune homme, il est vrai;

mais je ne crains pas plus le froid que la fatigue.

— Prenez, prenez, Oncle Jérémiah, dit Burleigh ; ce serait une honte pour nous si nous ne partagions pas nos vêtements avec vous.

Le patriarche se rendit avec un sourire, et bientôt les trois amis dormirent d'un bon sommeil dans leur lit de neige.

CHAPITRE VI

BATAILLE A MORT

Le lendemain matin, quoique raides de froid et meurtris par la dureté de leur lit, nos hardis chasseurs furent debout longtemps avant l'aurore, et prêts à reprendre la chasse. Sans chiens, guidés par la seule lueur des étoiles, ils se lancèrent avec une souplesse et une ardeur félines vers le gîte qu'ils avaient remarqué la veille.

Le Brigadier se détourna un peu, avec Burleigh, pour prendre le dessous du vent, et arriver sur la bête sans qu'elle sentît son approche. En même temps, il posta ses compagnons sur une éminence d'où on pouvait voir le pays à plusieurs milles à la ronde. Ensuite toute la bande s'arrêta, attendant le jour, et écoutant, dans l'espoir que les chiens, toujours en chasse, leur ramèneraient peut-être le gibier.

— Général, dit le maître d'école à l'Oncle Jérémiah, lorsqu'ils se trouvèrent seuls ; comment vous trouvez-vous ce matin? vous semblez pâle.

— Tu crois, Iry? j'ai plutôt les jointures raides, autant que j'en puis juger. Je ne suis plus ce que j'étais il y a vingt-cinq ans ; j'espère néanmoins être digne de moi jusqu'à la fin.

— Comment avez-vous dormi ?

— Pas trop bien ; je n'avais jamais tant souffert du froid. La fougère et la feuillée de sapin sont de malheureux manteaux.

— Vous ne semblez pas dans votre assiette ordinaire, général. Nous ferions bien de laisser la chasse et de retourner au campement.

— Nous ! reculer ! abandonner la partie si belle ! tourner les talons après une misérable campagne de trois jours ! Et pourquoi ? s'il vous plait; pour qui me prenez-vous?

— Pour qui vous êtes, sir ; un homme qui en vaut dix mille, même à votre âge.

— Bien ! bien ! Iry ; je ne vaux pas plus que mon pareil ; et s'il faut dire vrai, je ne suis pas *d'aplomb* aujourd'hui. J'ai fait un vilain rêve cette nuit; croyez-vous aux rêves, vous?

— Je ne saurais trop vous dire, sir; et pourtant il m'est arrivé de bien étranges choses à la suite de certains rêves. Mon père a eu ainsi des révélations effrayantes, il me l'a dit.

— Oui! cela me remet en mémoire quelque chose dont je voulais vous parler, il y a trois nuits, vous savez, alors que nous fûmes si effrayés.

— Effrayés, sir?

— Bien certainement! vous n'étiez pas effrayé, Iry? voyons! sur l'honneur, vous n'aviez pas peur?

— Je ne sais comment vous répondre, sir; je conviens que j'étais en état de trouble et de perplexité; mais...

— Regardez-moi, Iry, là bien dans les yeux; et répondez sans détours. Je vous ai observé pendant tout ce tapage mystérieux; j'ai eu l'œil sur vous sans que vous vous en doutassiez.

— Vous vous êtes un peu trompé, général; je me suis parfaitement aperçu que vous me guettiez comme un chat fait pour une souris, et je me suis comporté en conséquence.

— Vraiment! vous êtes profond, Iry Burleigh; votre père l'était aussi.., mais revenons à la question.

— Comme vous voudrez.

— Pensez-vous, oui ou non, Iry, que notre vieille maison soit hantée?

— Avant de vous répondre, permettez-moi de vous demander ce que vous entendez par ces mots : « une maison hantée. »

— Plus bas, Iry! Je vois Ned Frazier qui regarde par ici. Je vous demandais si, dans votre opinion, les bruits que nous avions entendus l'autre soir sont l'œuvre des esprits.

— Quels esprits, général?

— Les esprits qui, au témoignage du père Cumming et de tous les voisins, fréquentaient la ferme de Blaisdell avant que je l'eusse achetée!

— Non, sir! je ne puis dire que je croie cela.

— Alors pensez-vous que ces tapages nocturnes aient été produits par Jeruthy Jane et les autres enfants?

— Oui, quelquefois, mais pas toujours.

— Qui était-ce donc alors, hein ?

— Que sais-je?... les volets,... les croisées,... les portes,... l'ouragan.

— Iry Burleigh ! regardez-moi ; je vous pose cette question en homme qui va mourir !

— Mourir ! vous ! à quoi pensez-vous ?

— Je pense juste, mon enfant ; j'approche du terme de mon voyage ; j'ai reçu un avertissement, Iry. Et maintenant répondez-moi avec franchise, je vous en prie : n'avez-vous pas entendu des chuchottements dans la maison !

— Eh bien ! sir, puisque vous prenez la chose si fort au sérieux, je vous dirai que je n'ai pas pris garde à la différence qu'il peut y avoir entre des chuchottements et des voix.

— Enfin ! avez-vous entendu des voix ?

— Pour cela, oui ! du cellier, du bûcher, du garde-manger, sont parties des voix bien distinctes, des voix humaines.

— Bien ! continuez.

— Avez-vous lu les *affidavits* (déclarations sans serment) du père Cumming et des autres ?

— Oui, mais seulement il y a un mois environ. J'en avais bien entendu parler vaguement avant d'acheter Blaisdell's house, avant même d'y songer : on disait que cette vieille baraque était hantée, et que s'il le fallait, plus de cinquante témoins attesteraient avoir vu, de leurs propres yeux, (les uns le jour, les autres la nuit), l'esprit de M. Butler y faisant apparition.

— C'est bien cela, sir ; telles ont été les déclarations.

— Moi j'ai regardé tout ça comme des contes, e je n'en ai pas cru un mot : on m'offrait la ferme pour le quart de sa valeur ; j'étais décidé à l'acheter, et je l'ai acquise, hantée ou non hantée, sans m'inquiéter davantage. Je ne pouvais penser, sans rire, à habiter la maison des esprits, et je n'avais pas donné une seule pensée à toutes ces histoires jusqu'au mois dernier, époque où un étrange tumulte s'est fait entendre dans la maison. J'étais resté seul, à cause de mes rhumatismes, pendant que toute la famille était allée au meeting... Mais vous avez frissonné, il me semble, Iry ?

— Je ne pense pas, sir : continuez.

— ... J'étais dans mon lit, fort bien éveillé, tout-à-coup j'entendis comme une conversation près de moi... Vous comprenez, j'ai tiré avantage de ces mystères-là pour acheter le domaine à vil prix ; j'ai acheté au préjudice de la veuve et des orphelins... et maintenant je vais être jugé !

— Je ne vois pas cela, sir.

— Mais c'est mon opinion. Et maintenant dites-moi sincèrement si vous pensez que ces affidavits émanent de gens honnêtes?

— Je le pense.

— Et que tout s'est passé loyalement?

— Oui, autant que j'en puis juger ; je les connais presque tous, ces déclarants ; hommes ou femmes, ils sont tous d'un caractère sage, prudent et pieux. Quant à Parson Cummings, c'était un gradué de l'université d'Harvard, un homme d'une importance scholastique indiscutable. Je possède la brochure qu'il a publiée en 1800, je crois ; il est y question de spectre féminin qui fit apparition dans le mois d'août de cette année-là. Ce livre est à votre service quand vous voudrez ;... mais vous paraissez troublé, sir?

— Je le suis en effet, Iry, j'ai fait le mal, et mon repentir ne peut dissiper le sombre nuage que m'a laissé ce rêve.

— Quel était donc votre rêve, sir?

— Je n'aime pas à y songer, Iry. En deux mots... le sang criait vengeance contre moi, les deux spectres de Georges Butler et de sa femme me poursuivaient en criant d'une voix sourde et enrouée : « Il y a un signe sur toi ! il y aura du sang dans ta route ! » — Ah ! j'entends les chiens !...

Tous les chasseurs se redressèrent en sursaut, écoutant, les mains contre leurs oreilles.

— Encore un mot, Iry, dit le Brigadier avec des yeux égarés comme s'il apercevait un objet invisible pour Burleigh, que pensez-vous de toute cette affaire, en l'envisageant raisonnablement.

— Je dis que tout cela est incompréhensible si on n'admet pas que les déclarations sont vraies.

— Dans ce cas je suis un homme mort ; et si je survis à ce jour, c'est bien la dernière fois que je vais à la chasse du moose.

En ce moment on entendit les aboiements éloignés des chiens, mais dans une direction toute autre que celle que les chasseurs allaient prendre. Peu après les frères Frazier firent des signaux auxquels tout le monde accourut. A l'aspect de ce tohu-bohu, le Brigadier proposa à ses compagnons de se diviser en deux bandes.

— Je resterai avec Burleigh, nous suivrons cette direction, dit-il en montrant un point noir qui paraissait mouvant sur la pente glacée d'une colline assez proche ; vous...

— Il vient! il vient! hurlèrent les Frazier au grand déplaisir du Brigadier et de Burleigh.

— Allez-y! courez, mes garçons! chacun sa route; je suis sûr qu'il nous a vus ou entendus, tout à l'heure les premiers seront les derniers. Vous pouvez crier maintenant tant que vous voudrez; ça n'arrivera qu'à l'étourdir; ah! si seulement j'avais les chiens!

A ces mots, suivi de Burleigh, il se mit en chasse. Les autres chasseurs continuèrent à se développer sur la lisière du bois, rétrécissant graduellement leur enceinte autour de l'animal qui paraissait démoralisé par le nombre et la position de ses ennemis. Un instant il sembla décidé à traverser, au grand trot, la clairière, mais tout à coup il bondit vers le fourré. Ses mouvements agiles indiquaient qu'il n'était pas sérieusement blessé.

— Halloo! cria le Brigadier lorsque la bête fut en vue; halloo! c'est bien le gaillard avec lequel nous avons eu affaire! voyez ses cornes!

Et il se lança vers lui à travers bois et broussailles qui craquaient devant lui comme devant un hippopotame.

En effet la ramure de l'animal était magnifique, jamais chasseur n'en vit une plus gigantesque.

— Hurrah ! voici les roquets !

Au même instant, les échos répétèrent mille aboiements très-proches. L'Oncle Jerry courut dans leur direction ; Burleigh fit un détour, espérant couper les devants à la bête, avant qu'elle gagnât le fort du bois.

Les cris de la meute se rapprochaient ; la voix sourde d'un gros dogue s'y mêlait par intervalles; parfois retentissait la plainte d'un chien blessé ; çà et là des coups de feu : tous ces bruits réunis formaient un vacarme infernal.

Soudain, au moment où le Brigadier se précipitait vers une éclaircie, toute blanche de neige, un horrible craquement fit frissonner le bois devant lui, en trois ou quatre places différentes : un moment ému, il reprit bientôt son sang-froid, mit son fusil en joue et marcha droit au bruit. Soudain une clameur aiguë frappa ses oreilles, c'était Burleigh qui criait de façon à glacer d'effroi le plus intrépide veneur :

— Garde à vous, sir ! garde à vous ! courez, sur votre vie ! faites feu et courez ! ou vous êtes perdu !

Mais avant que le vieillard eût fait face, le terrible ennemi sortait du fourré et courait droit sur lui.

Le danger était pressant ; il n'y avait de salut à espérer que dans une lutte corps à corps, si le coup de fusil ne le foudroyait pas. Le Brigadier aurait voulu viser au défaut de l'épaule, mais l'animal se présentant de front, il tira donc en plein poitrail.

Le moose tomba à genoux, sur le coup : mais, presque aussitôt, après deux ou trois plongeons dans la neige, il se releva et se lança sur le Brigadier au triple galop.

— Derrière un arbre ! hurla Burleigh ; prenez abri derrière un arbre, pour Dieu, courez ! cela me donnera le temps d'arriver à portée de fusil.

Le vieillard bondit comme un chat sauvage, et comme le moose enfonçait dans la neige, pendant quelques secondes il y eut espoir de salut.

Mais à chaque saut il prenait de l'avance, bientôt le Brigadier sentit sa respiration brûlante sur son épaule ; pour gagner du temps il lui jeta son long manteau à la tête : le moose furieux se secoua, trépigna, et le manteau disparut en morceaux. La poursuite recommença : le vieillard essaya de lui lancer son chapeau ; le vent l'emporta loin du but.

Les chiens soufflaient le poil à la bête, et se ruaient sur elle comme un ouragan, sans même attirer son attention. Le moose ne voyait que l'homme qui l'avait blessé.

Enfin, le Brigadier fit un faux pas, et tomba abouché dans la neige, sans pouvoir se relever, embarrassé qu'il était par ses raquettes.

Cependant le vieux brave ne perdit pas la tête. il savait que Burleigh était proche ; il venait d'entendre les aboiements du vieux Watch ; des secours ne devaient pas tarder à arriver. Au moment où l'énorme quadrupède se cabrait pour le fouler aux pieds, il se jeta vivement de côté et esquiva ainsi le choc mortel de ses sabots fourchus. En retombant, l'animal, par son poids, s'enfonça lourdement dans la neige jusqu'aux oreilles, si profondément que l'un de ses andouillers vint se coucher sur la glace tout près du vieillard : ce dernier saisit la corne à deux mains et y resta suspendu. A ce moment Watch arrivait ; d'un bond furieux il s'élança à la gorge du moose : Burleigh apparut à son tour, le fusil en joue, mais n'osant faire feu, de crainte de blesser son vieil ami.

— Feu ! Burleigh ! n'aie pas peur pour moi ! cria le Brigadier, ne le manque pas !

Le moose se cabra et rua frénétiquement ; tout à coup son énorme andouiller, ébranlé sans doute par cette lutte et par les chocs qu'il avait reçus dans les bois, tomba arraché de sa tête comme une branche frappée par le tonnerre. Cette nouvelle blessure exaspéra l'animal ; il chercha à frapper de l'autre andouiller le vieux chasseur qui avait roulé par terre. Mais, par un effort désespéré, ce dernier saisit encore le bois du moose et fut jeté en l'air par un haut le corps que fit l'animal. Le malheureux chasseur était, on peut le dire, suspendu entre la vie et la mort.

Burleigh fit feu.

La détonation fit résonner les bois, et alla se répercuter dans mille échos, comme une décharge d'artillerie.

Le monstre furieux tomba lourdement, tête première dans la neige, précisément dans le creux où cherchant à écraser l'Oncle Jerry sous ses pieds, il avait failli terminer d'un seul coup toutes ses affaires en ce bas monde.

Watch le saisit dans sa chute, toujours cramponné à sa gorge par des mâchoires d'acier.

Toujours indomptable, quoique cruellement meurtri, le Brigadier se rua sur le moose, et avant que Burleigh fût à portée de l'aider, acheva l'animal en lui plongeant jusqu'au manche son long couteau dans la poitrine.

L'air et les bois tremblèrent au bruit des sauvages hurrah que poussa la bande triomphante des chasseurs, en même temps que le fidèle Watch aboyait et que la meute des roquets s'égosillait en affreux glapissements.

— Hurrah ! pour le vieux chasseur !
— Hurrah ! pour l'Oncle Jerry !
— Hurrah ! pour le Squire !
— Hurrah ! pour mon père !

On continua ainsi plusieurs minutes, jusqu'à perte d'haleine, en y mêlant des salves de mousqueterie.

— Assez ! enfants ! assez ! vous me comblez ! criait le bonhomme attendri ; ah ! voilà les vrais chasseurs de moose ! voilà une chasse, mes amis ! allons, chargez vos armes !

Après avoir soigneusement chargé et amorcé, ils tinrent brièvement conseil : il fut résolu définitivement que la moitié de la bande se mettrait à battre les bois avec les chiens, pendant que l'autre moitié s'occuperait des préparatifs du souper, soit sur place dans un camp volant, soit au grand campement précédemment établi. Il fut recommandé par le maître d'école de rester avant la chute du jour et de ne pas s'oublier trop tard dans les forêts, quelque tentation que pût offrir la chasse.

Lorsque le vieux chasseur eut coupé le mufle le foie et le cœur, il demanda l'aide de ses compagnons pour extraire les os à moelle, et découper en tranches la chair bonne à manger.

Burleigh fut le premier à l'œuvre ; agrandissant le trou formé dans la neige sanglante par les convulsions du terrible animal, il ouvrit le corps très adroitement, et découpa des morceaux, de nature à dédommager amplement toute la bande d'un jeûne forcé de quarante-huit heures.

— Et maintenant qu'allons-nous faire ? demanda-t-il au Brigadier.

— Poussez en avant ! j'ai bonne idée ! nous

trouverons peut-être deux ou trois familles par là... halloo ! — Où donc est Ned Frazier ?

— Il est parti, général, ainsi que vous le lui avez enjoint, répondit le plus jeune des deux frères restants ; vous lui avez dit de « marcher comme il l'entendrait. »

Burleigh se retourna soudain avec un mouvement fébrile, et dit d'un ton sérieux :

— Vous auriez mieux fait de suivre votre frère, sir, et de ne pas vous éloigner de lui : de plus à mon avis, un chien ou deux ne vous auraient point été inutiles.

— Vous avez raison, Iry, ajouta le Brigadier, et figurons-nous bien qu'il serait fort dangereux de nous disperser hors de portée de la voix. Et au moment où la petite troupe se réunit en marche, il se rapprocha de Burleigh pour lui dire à voix basse : C'est fini avec mon rêve, Iry.

— Oh ! oui, je le pense ainsi.

— Un vilain rêve, Iry Burleigh ; mais, ajouta-t-il en levant les deux mains au ciel, j'ai reçu une leçon que je n'oublierai jamais. Je vois maintenant pourquoi la femme Butler m'est apparue en songe.

— Que voulez-vous dire, sir ?

— Pour me mettre face à face avec la mort, et m'obliger à payer plus cher la ferme de Blaisdell.

Burleigh secoua la tête :

— Jamais, mon bon sir, jamais jamais ! pourquoi la paieriez-vous plus cher ? vous en offririez dans ce cas, plus que personne.

— C'est parfaitement vrai, Iry ; mais je n'ajoute pas foi à ces histoires; d'autres y croient, et s'ils n'y eussent pas cru, ils auraient donné un meilleur prix de cette propriété.

— Mais vous pensez aujourd'hui que ces histoires sont vraies, n'est-ce pas ? si je vous comprends bien, à présent vous êtes inquiet à cause des idées nouvelles qui vous remplissent l'imagination.

— Vous n'avez pas tort, Iry : depuis quelque temps je me sens sombre et mal à l'aise ; tout-à-l'heure, quand je pouvais voir dans les yeux du moose l'image de la mort prête à me fouler aux pieds, il m'a passé dans la tête une foule d'idées. Lorsque nous serons de retour dans la maison, nous parlerons affaire, et je vous confierai un tas de papiers à débrouiller.

— Très-bien, je vous entends : mais il faudra voir plus tard ; n'agissez pas avec précipitation et et sous l'impression d'une pensée inquiète.

— Plus tard !... plus tard !... qu'entendez-vous par là, Iry ? ce matin vous m'avez dit la même chose.

— C'est entendu ; mais nous ne pouvons rien avant d'être à la maison. Et maintenant, que faisons-nous ?

— Revenons au campement, Iry.

— Peut-être ; mais que décidons-nous pour la chasse ; restons-nous sur notre triomphe !

— Oh ! non ; si tu veux rester ici et tout préparer pour le souper, je pousserai une pointe en avant avec quelques compagnons.

— Excusez-moi, sir, je n'aimerais point vous laisser aller seul en expédition. Ici, par exemple, je n'aurai pas d'inquiétude ; nos compagnons feront ce qu'ils voudront et battront en retraite même sans souper, s'il leur plait. Sauf votre avis, j'irai seul en avant flairer l'air de ce bois.

— Adopté ! je suis joliment rompu, et il me semble que je reçois la visite de mes vieux rhumatismes.

Burleigh sourit :

— Ce n'est pas étonnant après l'assaut que vous avez eu avec ce monstre.

— Mais, continua le Brigadier, nous avons entendu par là la voix de Luther, ce devait être lui, car Watch est ici; tâchez donc de l'apercevoir pour que je sache comment il se fait qu'il ait rompu la consigne et laissé le camp pour venir nous trouver. Ah! il est proche, le vieux Watch flaire son arrivée.

Comme le Brigadier parlait encore, Luther apparut en courant.

— Bonjour, Père, comment allez-vous aujourd'hui?... et vos rhumatismes?

— Assez joliment. Mais me direz-vous, Luther, pourquoi vous avez laissé le campement?

— Ce n'est point ma faute, Père, Watch a voulu s'échapper et m'a traîné sur la neige au moins pendant cinq minutes, avant que j'aie pu le retenir. Il m'a bien fallu le suivre, à moins de lui tirer un coup de fusil, ce qui aurait été malheureux; enfin il m'a été impossible de le ramener.

— Pourquoi ne le laissiez-vous pas aller?

— Ah! Père! vous l'aviez défendu!

— Bien! garçon, bien! Et, quelles nouvelles du camp... du troupeau?

— Excellentes. Smith, Jones, et le voisin Libby sont venus nous joindre ; mais ne connaissant pas votre route, ils ont pris le parti d'attendre là vos nouvelles. Mais dites donc, Père ; qui est-ce qui a coupé la corde du piége à moose sur la route ?

— Tu as donc passé par là, Luther ?

— Oui ; je suivais Watch, qui suivait votre piste.

Burleigh avait fait un mouvement pour parler, mais s'était retenu, attendant la réponse.

— La trappe n'était donc pas tendue ?

— Non ; la corde était coupée, le sapin redressé.

Burleigh échangea un coup d'œil avec le vieux chasseur, et s'écria :

— Voilà justement ce que je craignais.

— Le méchant gamin ! fit le Brigadier songeant à Ned ; as-tu vu les trois Frazier, Ned, surtout ?

— Je les ai vus tous trois ; mais je ne sais qui a coupé la corde.

— Ne t'en inquiète pas. Iry, sur votre vie courez, et lorsque vous verrez ces Frazier, dites-leur de se tenir loin de cette route : il arriverait un malheur!

Burleigh s'élança avec une promptitude furieuse qui stupéfia Luther ; mais avant qu'il fût hors de portée de la voix, le Brigadier lui cria :

— Ne les laisses pas retourner au camp, Iry, ou bien ce sont des hommes morts : tâches de les ramener ici ; leur souper sera prêt.

— Souper... ! observa Luther en regardant le soleil.

— ... Goûter, dîner, souper, comme tu voudras. Ils auront un appétit qui leur fera trouver tout bon, je te le garantis, quelque nom qu'on adopte.

— Très-bien, Père.

— Ça va nous ragaillardir, un bon repas ! Ils pourraient être ici dans une heure : néanmoins je ne les attends qu'après le coucher du soleil.

— Vous devez avoir besoin de prendre un air de feu, Père.

— Oui, ma foi ! prends ma hachette et coupe de la broussaille, tant que tu pourras pendant que je vais préparer les grillades. Ah ! ah ! c'est ça une bonne affaire ! allons Luther, presse !

Le gros garçon partit au galop : le père se mit à dépécer le moose en belles tranches fumantes, sans oublier le muffle, le foie et les os à moelle :

bientôt Luther reparut courbé sous un énorme faix de broussailles.

Le feu ne tarda pas à s'allumer, brillant, pétillant, réjouissant ; le foyer avait été artistement bâti avec des pierres longues et étroites. Le Brigadier, les cheveux au vent, les manches retroussées, s'en donnait à cœur joie à sa besogne; tout-à-coup il s'arrêta pour écouter, puis, regardant le fusil de Luther appuyé contre un arbre, il lui demanda d'un ton inquiet s'il était chargé.

— Oui, Père.

— Et amorcé ?

— Vous pouvez voir, Père.

— Vous pouvez voir, Père !! tête de bois !!! il y va de votre vie, et vous ne pouvez voir ça vous-même !!! venez ici, et couchez-vous à plat ventre sur la neige.

Parlant ainsi, le Brigadier prit le fusil, ouvrit le bassinet, secoua l'amorce et la remplaça avec le plus grand soin, boucla à sa ceinture sa poudrière et son sac à balles ; puis s'agenouilla derrière un tas de neige, guettant l'approche de quelqu'un ou de quelque chose.

Mais rien n'apparut. Après une attente de quelques minutes, le Brigadier déposa le fusil, en murmurant que peut-être il s'était trompé; et il reprit ses préparatifs culinaires.

Le pauvre Luther fort mal à son aise, et le vieux Watch inquiet, demeurèrent immobiles. Le chien s'assit, les yeux fixés vers un amas de troncs d'arbres assez éloignés au fond de la clairière ; par intervalle il agitait ses oreilles comme pour percevoir quelque son furtif et lointain ; ensuite il regardait Luther, et le caressait en remuant sa queue qui balayait la neige.

— Qu'est-ce donc, Père? demanda enfin le jeune homme en se soulevant sur ses deux coudes.

— Prenez votre fusil et je vous le dirai.

Au moment où Luther prenait l'arme, son père la saisit, sonda le canon avec la baguette pour assurer la charge, épingla soigneusement la lumière, remit dans le bassinet une amorce fraîche: cette opération faite minutieusement, il remit le fusil à son fils en lui disant :

— Gardez ce fidèle compagnon à votre portée, si vous tenez à vivre. Nous ne pouvons savoir ce qui va arriver.

— Oui, Père, mais vous ne m'avez pas répondu ; vous ne répondez jamais à mes questions. Je voudrais bien savoir ce que vous avez vu.

— Fort bien ! j'ai aperçu l'ombre d'un indien, juste dans cette direction : là derrière un gros sapin. Il a disparu comme un éclair.

— Avez-vous entendu quelque chose ?

— Non : j'ai eu beau écouter, écouter... rien ! comment voulez-vous qu'on entende à cette distance ? petit sot ! est-ce qu'un moccassin fait du bruit ?

— Mais, Père, peut-être il a des raquettes.

— Non ! par le Diable ! autrement il serait à la poursuite du moose ou du cariboo. Ah ! une idée me revient : qui est-ce qui a tiré des coups de feu juste au moment où vous nous avez rejoints ?

— Je ne suis pas sûr, Père : les Frazier ont tiré chacun deux ou trois coups de fusil, mais pourquoi ? je l'ignore : ils étaient loin, je n'ai rien vu.

— Ils se fusillaient avec les indiens, probablement. As-tu rencontré des chiens errants.

— Non, Père ; mais j'ai entendu des aboiements qui ne ressemblent pas à ceux de nos chiens : ils me rappellent ce que nous avons entendu chez les Penobscots ;... une espèce de grondement suivi d'un ou deux cris.

— Assez, mon garçon, assez ! les Penobscots sont sur nos traces, nous n'avons qu'à faire bon guet jour et nuit, et à ne dormir que d'un œil.

— Oui, Père ; mais qu'y a-t-il donc entre nous et ces indiens ?

En deux mots le vieillard lui raconta comment Ned Frazier avait coupé la corde du piége à moose.

Luther frissonna et se sentit inquiet.

Le repas était prêt. Ils attendirent d'heure en heure l'arrivée de quelqu'un de leurs compagnons, sans voir personne. A la fin, voyant le soleil couché, ils ne purent résister à la tentation de mordre à belles dents dans ces succulentes et juteuses grillades.

Le père avait mis à part le fameux *filet cru*, délices des vieux chasseurs, il l'expédia en se léchant les lèvres ; vainement il essaya d'en faire manger à Luther, le jeune novice n'était pas encore à la hauteur de son père : il préféra les viandes rôties, et joua vaillamment des mâchoires.

Le vieillard s'efforça encore de décider Luther à manger des tartines de moelle, *le beurre de moose*, délicatement étendue sur du pain de ris grillé. Le gros garçon avait le cœur délicat, et trouva cette gourmandise trop grasse et huileuse pour son goût.

Au moment le plus chaud du festin, Watch fit un bond soudain, grogna et aboya formidablement. Une seconde après, des voix retentirent dans le fourré, et toute la bande des chasseurs apparut successivement ; le plus jeune Frazier seul manquait.

— Vous ne l'avez pas vu, Iry ? demanda le Brigadier.

— Non ; vainement nous avons battu les bois, tirant des coups de fusil pour l'appeler ; ce jeune fou n'a pas répondu.

— Il n'en fait pas d'autre, ce Ned ! s'écria Frazier aîné ; toujours il a le diable au corps : je ne serais pas étonné qu'il fût retourné à la maison.

— Ou bien, ajouta l'autre frère, il aura préféré aller courtiser quelque jolie fille, comme il y en a tant dans les régions de l'est.

Le Brigadier devint pensif ; Burleigh paraissait fort inquiet.

— Allons ! allons ! enfants ! s'écria tout-à-coup le Brigadier ; voyons si vous saurez attaquer con-

venablement la cuisine de moose ? Courage !
jeunes gens ! à l'œuvre ! et toi, vieux camarade
Watch, c'est ton tour maintenant : tu as bien
gagné ton souper, aujourd'hui et en mille autres
circonstances.

Parlant ainsi, le bon vieux chasseur faisait à
chacun de copieuses distributions de vivres, de
grillades, d'os à moelle, de riz grillé à l'indienne;
et riait de tout son cœur en voyant fonctionner
ses affamés convives.

Le repas fini, on donna un coup d'œil aux fu
sils, on posa une sentinelle en compagnie de
Watch, et on s'endormit paisiblement.

CHAPITRE VII

COMPLICATIONS

Le jour suivant nos chasseurs, complétement rompus de fatigue, au lieu de se mettre en campagne avant le point du jour, prirent l'agréable résolution de rester couchés jusqu'à l'heure du déjeuner : en conséquence, moëlleusement étendus dans leurs matelas de fougère, les pieds tournés contre le feu, ils devisèrent à l'aise et décidèrent de continuer leur expédition jusqu'à ce qu'ils eussent trouvé le fameux gîte des mooses, dussent-ils pour cela courir jusqu'à la fin du mois.

Le Brigadier faisait des réflexions attestant que les tranches de venaison l'intéressaient davantage que le Sport, et paraissait opiner pour une marche rétrograde ; Burleigh l'encourageait dans cette idée et n'eut pas de peine à le convaincre.

Luther était retourné au camp avec ordre d'attacher le vieux Watch à un arbre avec une corde capable d'étrangler un chat sauvage.

Les voisins et amis, survenus les uns après les autres, furent invités à rester au camp pour contribuer à sa garde et se régaler du moose.

— Mon avis, dit Burleigh, serait que les restants prissent avec eux la carcasse du moose, en nous laissant quelques bonnes tranches, et après l'avoir soigneusement écorché.

— Vous parlez comme un sage, Iry, répliqua le Brigadier ; les compagnons vont se rendre au camp chargés, chacun, de leur part ; ils pourront envoyer un traîneau pour emporter le corps et la peau du moose. Et toi, Luther, je te le répète, veille bien à ce que les fusils soient toujours chargés et à portée de la main, si tu ne veux pas descendre dans le royaume des taupes. Dis au voisin Smith, et au voisin Libby que s'ils savaient comme on est bien là-bas dans le campement, en société avec les grillades de moose, ils y voudraient passer leur vie. Quant à moi, réflexion faite, il faut que je marche en avant ; nous serons de retour dans deux ou trois jours au plus tard, et nous rapporterons de quoi faire bombance.

— Oui, Père, répondit Luther ; je vais les endoctriner de votre part, et ils seraient bien ingrats de ne pas me croire, car je prêcherai d'exemple. — Ah ! mais ! ne riez pas ! ajouta le jeune homme avec un sérieux comique.

— Bien ! bien ! Luther, répliqua le père en souriant, vous aurez en partage la meilleure part, comme l'ordonne la Bible, pendant que le reste de la tribu s'en ira en guerre.

— Oh ! sauvons-nous ! dit facétieusement Luther en prenant son élan, suivi de Watch.

Ces arrangements pris, chacun partit de son côté ; ceux qui continuaient la chasse se dispersèrent dans le bois, mais sans se perdre de vue, toujours recherchant le bouquet d'érables signalé par le maître d'école.

Quoique la distance ne fut pas considérable, les chasseurs furent obligés d'avancer avec beaucoup de précaution et de lenteur, de telle sorte qu'ils n'arrivèrent en vue du gîte qu'à la tombée de la nuit. Après une courte délibération entre Burleigh et le Brigadier, les autres chasseurs furent

placés à divers postes cachés, avec ordre de ne
se montrer que lorsqu'ils seraient appelés : Burleigh, ensuite, poussa courageusement en avant,
suivi tout doucement par le Brigadier.

Après une rude et pénible ascension ils parvinrent à un fourré épais : Burleigh, pour faire
moins de bruit, quitta ses raquettes et ne garda
que des moccassins ; le Brigadier, chaussé de gros
brodequins de vache, marcha sur ses traces. Tous
deux firent un long circuit pour prendre le dessous du vent, et arrivèrent au cœur de la place
en rampant comme des chats. L'examen des lieux,
quoiqu'il fit obscur au point de ne pas distinguer
une main de l'autre, leur causa une grande satisfaction : la neige était foulée sur un large espace,
comme l'aire d'une grange ; l'écorce des arbres
n'était rongée qu'en partie, et seulement jusqu'à
la surface de la glace ; les menues branches et les
broussailles étaient encore abondantes ; tout annonçait le refuge de plusieurs familles de mooses,
et on pouvait espérer qu'elles y reviendraient se
giter pendant la nuit.

— Iry ! mon garçon ! que dis-tu de ça ? murmura le Brigadier en redressant sa grande taille et
en se frottant joyeusement les mains ; ils revien-

dront ce soir peut-être, et nous en ferons une belle affaire, hein ?

— Ah ! oui : nous voilà bien récompensés de nos fatigues.

— Si ce n'était pas trop tard, nous commencerions bien la battue avant l'arrivée des autres chasseurs.

— Ce serait une bonne idée, si nous n'avions pas à craindre d'être dérangés par tous ces ahuris au premier mouvement du gibier ; d'ailleurs nous n'avons pas de chiens avec nous.

— Qu'importe, nous n'avons pas à suivre des pistes dans la neige ; dans mon opinion il nous suffira de les guetter et de les fusiller au gite.

— C'est possible ; mais évitons ces jeunes chasseurs étourdis et enragés qui veulent toujours tirer les premiers. J'opine pour rester ici à l'affût jusqu'à ce que les animaux paraissent.

— Adopté.

Nos deux héros se postèrent en silence et attendirent patiemment : le Brigadier était assis dans la neige, adossé contre un arbre, son fusil couché en travers sur ses genoux ; Burleigh, debout, montait la garde sur une éminence d'où son regard perçant commandait tous les environs.

De longues heures s'écoulèrent ainsi dans une muette immobilité, le sommeil commença à appesantir les paupières du jeune homme : cependant il n'osait faire aucun mouvement pour secouer sa torpeur, craignant de quitter son poste au moment critique. Bientôt, pour comble de disgrâce, ayant quitté son manteau pour en couvrir les épaules de l'Oncle Jerry, il sentit un froid insupportable glacer tout son corps.

Le moindre geste leur était interdit, sous peine d'effaroucher les furtifs hôtes des bois, dont ils attendaient l'arrivée. Jamais nuit n'avait paru plus longue et plus pénible au Brigadier, pendant le cours de son aventureuse carrière ; jamais son attente et son courage n'avaient été moins récompensés : aucun être vivant n'apparut dans le silence de la nuit ; et quand vint le jour, rien n'apparut encore.

— Oh ! là ! là ! dit tout-à-coup le Brigadier parlant à voix basse en homme de précaution que rien ne peut prendre au dépourvu ; mon pauvre Iry ! voilà une affaire bâclée ! tous ces imbéciles de mooses ont détalé, sans esprit de retour, et si nous voulons du butin, il faudra leur courir après. Que dis-tu de ça ?

— Je suis de votre avis : toutefois il sera bon de réunir les compagnons, et de déjeûner avant tout ; nous ferons bien de mettre dans nos poches quelques œufs durs, quelques gâteaux de riz, et une pincée de sel.

Le Brigadier hocha la tête.

— Hé ! hé ! mon ami, il y a eu des moments, (avant-hier soir, par exemple), où nous n'aurions nullement fait fi d'un œuf dur et d'une pincée de sel. Et si, en quittant la maison, je n'avais pas eu la précaution de bien bourrer vos poches, en dépit de toutes vos belles espérances, nous n'aurions eu chacun, pour souper, qu'une colique, et rien de plus.

Tout bien réfléchi, il fut décidé que le Brigadier resterait encore en embuscade au même endroit, pendant que Burleigh irait rassembler les autres chasseurs, et les inviterait à faire tous leurs préparatifs pour poursuivre la chasse pendant plusieurs jours encore s'il le fallait.

— Cependant, voyez donc ! grommela le Brigadier, l'écorce est fraîchement rongée ; voilà des bourgeons, des rameaux encore verts, là sur la neige

— J'ai examiné avec soin les empreintes, répondit Burleigh ; elles forment deux sentiers ; je jurerais qu'il a passé par là au moins une demi-douzaine de mooses, depuis vingt-quatre heures. Ils doivent avoir été effrayés par quelqu'un de notre troupe.

— Je ne pense pas ; aucun d'eux ne s'est avancé à plus d'un mille d'ici ; à moins que ce ne soit cet imbécile de Ned Frazier, que la peste confonde !

— Edouard Frazier ! vous croyez ?

— Oui, cette tête d'âne ! Je ne serais pas surpris que ce butor fût venu par ici, courant après les femmes, comme l'a dit Bob son frère.

Burleigh devint sombre et ne répondit rien : toujours pensif, il secoua la main au Brigadier, et partit pour son expédition rétrograde.

Dans l'ardeur de la chasse il avait parcouru un chemin très-long sans s'en apercevoir : il lui fallut plus de trois heures pour regagner la clairière qu'ils avaient quittée la veille. Tout y était silencieux et solitaire, au point qu'il crut un instant s'être égaré. Pendant qu'il se demandait si ses compagnons avaient déserté leurs postes, une perdrix se leva bruyamment dans le fourré, à une portée de pistolet.

Au même instant Bob Frazier apparut, sortant d'un gros arbre creux :

— Eh bien ! fit-il, quoi de nouveau ?

Burleigh attendit que tous l'eussent rejoint, dans le plus grand silence.

— Et vous autres ? demanda-t-il à son tour, qu'avez-vous à dire ?

— Nous ! répliqua l'autre Frazier, nous pouvons dire que ces bois sont vivants ! ça vous étonne ?

— Que voulez-vous dire, je vous prie ?

— Il y a par ici du moose, du cariboo, de l'indien... que sais-je ?

— Avez-vous vu quelque chose ?

— Je ne sais que dire... L'ombre d'un chasseur a fait apparition, là-bas, derrière ces trois arbres : dans mon opinion c'est un indien.

— Vraiment ! Que pouvait-il chercher par là ?

— Des mooses probablement, comme nous.

— Il est surprenant qu'il soit resté ici aussi longtemps.

— Qu'entendez-vous par là ?

— Si c'est le même qu'a vu le Brigadier, il ne doit pas être en ce lieu avec de bonnes intentions. Si on marchait un peu sur lui ?... qu'en dites-vous ?

— Courons! s'écrièrent les deux frères en se lançant à la poursuite de l'inconnu, sans prendre aucune précaution, malgré tout ce que put leur dire Burleigh.

Au moment où, après avoir visité l'amorce de son fusil, il se préparait à les suivre par un sentier couvert, son regard vigilant aperçut un mouvement dans le fourré. Mais l'arrivée d'un nouveau venu détourna son attention. C'était le plus jeune fils du voisin Smith, qui accourait à perte d'haleine, élevant au-dessus de sa tête un billet tout froissé qu'il venait de tirer de sa veste soigneusement boutonnée.

Le maître d'école sentit tout son sang refluer au cœur, lorsque l'enfant lui cria en s'éventant avec son petit chapeau ravagé par les branches :

— Je savais bien que je vous trouverais, moi ! Je connais votre route quand on me dit que vous êtes à la chasse du moose !

Burleigh se détourna sans répondre, et déployant à la hâte le billet qu'on venait de lui remettre, lut ce qui suit :

« Vous me pardonnerez, j'espère, master B. —
» Mais si vous voulez approfondir un triste mys-
» tère, plus tôt vous reviendrez à la maison, mieux
» cela vaudra. Voilà tout ce que je peux vous
» dire ; seulement vous n'avez pas une minute à
» perdre. Je vous envoie la jument grise pour le
» cas où vous aimeriez mieux revenir à cheval
» qu'en traîneau. »

J. J. P.

— Petit, qui t'a remis cela ? demanda Burleigh.

— Jerutha Jane Pope.

— Comment sont les chemins ?

— Impraticables, à moins d'être à cheval.

— Où est le traîneau à une place ?

— Au camp.

— Et la jument grise ?

— Ici près, sur la lisière du bois ; de plus, vous trouverez dans le porte-manteau de la selle la grande redingote du père.

— Bien ! ton nom, enfant ?

— Noah, sir ; Noah Smith, pour vous servir.

— Bien ! Noah Smith, je me souviendrai de toi. Sais-tu pourquoi on m'appelle ?

— Non, en vérité ! je n'ai guère eu le temps de

causer, je vous en réponds : Jerutha Jane, *elle* est venue chez mon père au milieu de la nuit ; elle a parlé un instant avec ma mère ; puis, on m'a appelé, et je suis parti au grand galop, aussi vite que la jument pouvait courir.

— Mais, si je prends la jument, Noah, que deviendras-tu ?

— Ce que je deviendrai ? Je resterai ici pou voir le *fun* (réjouissances) ! Ah ! c'est que j'aime les campements, moi ! je suis bon dans les campements, moi ! j'y suis bon à tout ! Et puis, je serai si content de voir un moose !... si vous n'y trouvez pas d'inconvénient.

— Pas le moins du monde, Noah. Adieu ; mais ne t'avise pas d'aller à la chasse du moose sans être avec un bon protecteur ; prends bien garde ! tu pourrais te trouver dans un cruel embarras. Adieu.

— Adieu ! bonne route ! répondit l'enfant.

Burleigh avait piqué des deux et était déjà loin.

A ce moment on entendit dans le bois un coup de fusil, mais si éloigné qu'aucun chasseur, après avoir prêté un instant l'oreille, ne crut devoir s'en préoccuper : Ira n'y fit pas même attention ;

tourmenté d'inquiétude il dévorait l'espace, emporté par la bonne jument grise, qui était la première trotteuse de tout le pays.

Il ne s'arrêta qu'en vue de la *grande-maison* : il rajusta ses vêtements, visita son fusil qu'il avait rejeté en bandoullière sur son épaule, et se demanda ce qu'il fallait faire.

Il faisait noir, si noir qu'il ne pouvait distinguer sa montre dans sa main : néanmoins, convaincu que, depuis longtemps, tout le monde était couché, il hésitait à pénétrer dans le logis, au risque de déranger toute la famille, et se disposait à conduire la jument près de quelque meule de foin et à s'y installer jusqu'au jour, comme le faisait souvent plus d'un voyageur.

Pendant qu'il délibérait avec lui-même, un filet de lumière passa au travers du volet de la cuisine; un instant après un murmure se fit entendre à côté de lui et une main se posa sur son bras. Il recula vivement et ses cheveux se dressèren sur sa tête.

— Hush ! Hush ! souffla une voix très-basse.

— Qui est là? qui êtes-vous? demanda-t il brusquement.

— Comment! vous ne me reconnaissez pas, master Burleigh ?

— Jerutha Jane ! c'est vous, je le devine sans vous voir.

— Êtes-vous prêt, sir ?

— Un moment; il faut que je mette la grise à l'écurie avant tout.

— Laissez-moi faire, je m'en charge.

— Non, non, ma chère enfant, il faut que je vous dise deux mots : ah ! que faites-vous ?

— Je déboucle les sangles, j'enlève la selle.

En même temps la jeune fille joignait l'action à la parole.

— Diable ! vous êtes adroite.

— Laissez-moi donc faire sans inquiétude : *j'y vois* la nuit, et vous *n'y voyez rien.*

— Vous voyez dans l'obscurité ?

— Aussi bien que les autres pendant le jour.

— Êtes-vous dans votre bon sens, Jerutha ?

— Mais ! je le pense ! Demandez à grand'mère, elle vous certifiera que non-seulement *j'y vois* dans l'obscurité, mais encore au travers d'un bandeau ; seulement j'ai perdu cette dernière *faculté* l'an passé.

— Oh ! oh !

— Aussi vrai que vous êtes vivant, master Burleigh : on prétendait que j'étais ensorcelée... mais je ne le suis pas plus que vous. C'est un effet de ma santé, de ma bonne et forte santé. N'en parlons plus ; voilà la besogne faite ! vous reconnaîtrez que *j'y vois* la nuit, j'espère !

— Mais ! mais ! la bride est ôtée, la gourmette décrochée, les rênes débouclées ! murmura Burleigh en promenant ses mains sur la tête de la jument.

— ... Et la selle enlevée, et une bonne couverture sur son dos ! Et maintenant, si vous voulez me donner le temps de jeter une botte de foin dans le ratelier, une poignée d'avoine dans la rèche, je serai ensuite à votre service.

Cinq minutes après elle était au côté de Burleigh, demi-riant, demi soupirant :

— Que me commandez-vous, master Burleigh ?

— Vous commander, mon enfant ! Dieu m'en garde ! Seulement je voudrais savoir pourquoi vous m'avez envoyé un message, pourquoi vous m'avez fait revenir, et ce que vous appelez un triste mystère ?

— Master Burleigh, répondit la jeune fille d'une

voix émue, je désire que vous voyiez par vous-même, de vos propres yeux ; que vous entendiez de vos oreilles ; et le triste mystère sera éclairci. Vous êtes trompé ! Nous sommes tous trompés ! Il y a ici une malheureuse créature ensorcelée. Si vous ne voyez point cette pauvre Lucy Day... si vous n'avez pas bientôt une explication avec elle, je... ajouta l'enfant en pleurant, je... suis sûre qu'avant trois mois elle sera sous terre.

— Que voulez-vous dire, Jerutha ?

— Je dis ce que je dis. Elle s'est mise au lit le lendemain de votre départ, et ne l'a plus quitté qu'un jour, pour aller avec la Tante Sarah voir une de ses plus chères bonnes amies, qu'elle avait connue à sa pension de Québec

Burleigh resta comme foudroyé. Tout son sang s'arrêta dans ses veines comme s'il allait mourir.

— Et... l'a-t-elle vue, Jerutha ?... demanda-t-il enfin d'une voix étranglée.

— Oui, mais bien contre son gré, je le sais ; et en revenant elle s'est remise au lit.

— Où est-elle maintenant ?

— Dans la maison, elle occupe votre chambre. Que dirai-je encore ? Voulez-vous voir Lucy ou grand'mère ?

— Non, non, pas encore ; il faut que j'aie le temps de mettre mes affaires en ordre, et de faire mes réflexions.

— Très-bien ! quand vous serez disposé, entrez par la porte de derrière et montez à la chambre du nord, j'y ai tout préparé pour vous. Bonne nuit, cher monsieur, bonne nuit !

Elle s'éloigna laissant Burleigh plongé dans ses réflexions ; il écouta pendant quelques minutes le bruit décroissant de ses pas légers :

— .... *Cher* monsieur, m'a-t-elle dit, murmura-t-il ;... cette enfant !... Pas tant enfant, après tout ;... c'est plutôt une petite femme :... la voilà qui va avoir seize ans... ça a déjà une petite tête !

Devisant ainsi, et suivant les indications qu'elle lui avait données, il s'introduisit dans la maison et se disposait, à tâtons, à gagner sa chambre, lorsque dans l'ombre une main toucha son coude et la même voix murmura.

— Pas un mot ! sur votre vie ! *Ils* sont ensemble, il faut que vous *les* voyiez avant de vous montrer. Courez à votre chambre, vous y trouverez toutes vos affaires : lorsque vous entendrez un coup frappé contre le volet, descendez doucement, vous *les* trouverez face à face : alors vous saurez tout.

— Un mot avant de me quitter. — Où est Black-Prince ?

— Dans la stalle la plus proche de la porte.

— Pourquoi ne me l'avez-vous pas envoyé, au lieu de la Grise ?

— Parce que je n'étais pas sûre qu'on vous trouverait ; et que si vous veniez par ici, vous pouviez avoir besoin du cheval.

— Ma valise ? le grand manteau ? la petite lanterne de corne ? la boîte à allumettes ?

— Sur le guéridon ou sur une chaise, à côté de votre lit.

— Merci, chère enfant ; que vous êtes bonne et attentive pour moi !

— Ah ! voyez ! la lune éclaire ; vous n'aurez pas besoin de votre lanterne.

— Je ne marche jamais sans ma lanterne, Jerutha, lorsque je suis seul ; je ne vois pas, comme vous, dans l'obscurité, et lorsqu'en arrivant dans une auberge étrangère, je veux installer mon bon cheval Black-Prince, il me faut de la lumière, sous peine de troubler toute l'écurie.

A ces mots, ils se séparèrent, et Burleigh entra dans la chambre, agité de sombres pressentiments. Il alluma une chandelle, ouvrit sa valise, la mit en ordre, et il prenait sa grande redingote lorsqu'un coup retentit sur le volet ; jetant un rapide coup d'œil sur la fenêtre, il aperçut la petite main qui renouvelait le signal.

Tout troublé, il marcha vers la croisée et vit sur le seuil de la porte l'ombre d'un homme... le mystère s'éclaircissait.

Prenant sa valise d'une main, son fusil de l'autre, il descendit l'escalier à pas de chat, déposa son fusil dans l'encoignure de la porte, et écouta : des chuchottements entremêlés de pleurs se faisaient entendre dans le corridor de la cuisine. Il entrouvrit la porte, prêt à appeler ; mais il resta muet en reconnaissant Ned Frazier qui, les yeux flamboyants, cherchait à saisir dans ses bras une femme agenouillée devant lui, sanglottant, le suppliant, et qu'à ses longs cheveux noirs Burleigh reconnut être Lucy Day.

— Oh ! pitié ! pitié ! Édouard ! disait-elle d'une voix basse et mourante ; pour l'amour de Dieu ! laissez-moi ! vous savez que je ne pourrai jamais être votre femme ; j'aimerais mieux mourir !

— Meurs donc ! répondit le jeune homme avec une expression farouche, en la secouant violemment et la jetant à ses pieds, comme s'il eût voulu meurtrir sur la terre le visage pâle et presque inanimé de la pauvre fille.

— Ah ! maudit ! s'écria Burleigh, bondissant comme une panthère et prenant Frazier à la gorge ; ah ! maudit ! c'est toi qui mourras !

Mais son adversaire, fort et musculeux, accoutumé aux luttes, le reçut rudement ; d'un coup de tête Burleigh fut rejeté à quelques pas sur le sol.

Réunissant toutes ses forces, il renouvela aussitôt l'attaque : se cramponnant de la main droite au cou de Frazier, parant les coups de la main gauche, il lui donna un croc en jambes, et l'envoya rouler, tête première, jusqu'au bas de l'escalier.

Lucy se précipita entre eux, et poussa des cris perçants auxquels érpondirent toutes les voix de la maison.

Ned Frazier, en se relevant avait tiré son couteau ; Burleigh dégaina le sien, et demeura immobile, l'œil en feu, attendant l'attaque.

Au même instant se précipitèrent dans la salle, Jerutha Jane et la Tante Sarah, échevelées, éperdues.

— Oh ! malheur ! vous, un ministre de l'évangile ! cria Jerutha.

— Vous! meurtrier! touchez le donc! sur votre vie! hurlait Lucy en couvrant Ned Frazier de son corps.

— Laissez-nous! oh! laissez-nous! je vous en prie, Master Burleigh, reprit Jerutha.

Et le voyant hésiter, elle ajouta :

— Grand'mère! donnez vos soins à cette pauvre Lucy.

Cette dernière se laissa tomber sur une chaise, et se mit à sangloter, la tête dans ses mains, comme si son cœur allait se briser.

Burleigh s'élança dehors, suivi par Frazier : et lorsque la malheureuse Lucy revint à elle, au milieu d'un silence de mort, elle ne vit que Jerutha à genoux, et la Tante Sarah immobile, comme pétrifiée par l'étonnement et la frayeur.

CHAPITRE VII.

CATASTROPHE

Au lever du jour, le cheval noir de Burleigh traversa rapidement la vallée de Blaisdell, emportant vers les bois son cavalier muni d'armes et de provisions comme pour une longue route.

Les jours suivants on n'eut aucune nouvelle de Frazier ni du maître d'école; tous deux avaient disparu dans la direction du grand désert.

Si le lecteur y consent, nous reviendrons à l'Oncle Jerry.

Avec ses hardis compagnons, il avait continué la chasse jusqu'aux frontières du Labrador sur le territoire du Canada. Mais, après avoir exploré pendant quelques jours le théâtre de ses anciens exploits, le vieux chasseur campa sur la rive du

Madawaska et ordonna les préparatifs du retour.

Dans la soirée, un bruit de voix s'éleva au milieu du silence ; la petite troupe crut entendre des cris, une dispute ; puis, deux coups de feu retentirent presque en même temps ; quelques secondes après, la détonation plus retentissante d'une carabine cingla l'air, et la solitude redevint silencieuse.

— C'est quelque bande de chasseurs, observa le Brigadier ; je suis bien aise de ne pas me trouver sur leur route, sans savoir à qui nous aurions à faire. Quel malheur que Burleigh ne soit plus avec nous ! je ne comprends rien à sa brusque disparition.

— N'a-t-il pas un cheval noir maintenant ? demanda le voisin Smith récemment arrivé du camp.

— Il n'en prend jamais d'autre, répondit Luther.

— Eh bien ! je crois l'avoir vu passer comme une flèche, avant hier, monté sur une superbe bête ; il suivait les fourrés comme s'il eût voulu éviter d'être vu. Je l'ai reconnu lorsque, au sortir de la grande clairière, il a lancé son cheval à la nage pour traverser la rivière : il avait l'air d'un homme qui chasse un tout autre gibier que le moose.

— Ce ne doit pas être Iry, répondit le Brigadier, il nous aurait déjà rejoints. D'ailleurs Black-Prince était resté à la ferme ; Burleigh l'avait laissé en réserve pour accomplir le grand voyage qu'il doit faire avant la conclusion de son mariage.

— Black-Prince est un rude cheval, observa Luther ; le soir du grand tapage à la maison, il défonça sa stalle, sauta par dessus les barrières, et aurait disparu pour toujours, si Jérutha Jane n'avait pas eu des yeux perçants.

— Diable !... mais qu'allons-nous faire maintenant ; irons-nous en avant ou en arrière ? demanda le Brigadier.

— Si notre frère Ned était ici, répliqua Bob Frazier, il nous donnerait un bon conseil. Il connait tous les indiens du Canada ; les Ottawas avaient fait de lui une sorte de chef.

— Eh bien ! tant pis ! retournons au camp, continua le Brigadier ; que la peste m'enlève si je sais où sont allés ces deux gaillards.

Sur ce propos, la petite troupe fit volte face et reprit sa route sur la lisière du grand bois où avaient retenti trois coups de feu quelques instants auparavant.

La nuit était venue, assombrissant les forêts solitaires ; tout à coup, nos chasseurs se trouvèrent sans avoir rien entendu, à quelques pas d'une longue file d'indiens. Ces guerriers sauvages, marchant dans un parfait silence, suivaient une piste unique, chacun mettant le pied dans la même empreinte ; on aurait dit des ombres noires glissant sur la neige.

Le Brigadier s'arrêta brusquement ; la vision indienne disparut promptement sans paraître accorder la moindre attention aux *Faces-Pâles*. Au même instant le Brigadier prêta l'oreille à un cri sourd et lointain.

— Qu'est-ce que cela ? murmura-t-il, n'entendez-vous rien ?

— Oui, fit Luther, mais je ne distingue pas bien ; et il se redressa, plaçant sa main ouverte contre l'oreille, pour mieux écouter.

— C'est le hurlement d'un chien, dit le père, il est très-éloigné.

— Le voilà qui recommence ! s'écria Bob Frazier.

Ce doit être un loup, objecta Joë.

Le Brigadier secoua mélancoliquement la tête.

— Non, mes enfants, ce n'est pas un loup ; ce n'est pas l'aboiement bref et rauque du loup. C'est une sorte de plainte, un appel.

— Peut-être est-ce un avertissement, Père ?

— Peut-être... Luther... ; si c'en est un, il faut qu'il nous trouve préparés ; nous ne savons pas ce qui peut arriver. Écoute-moi, enfant ; je suis le plus âgé, sans doute je suis le plus proche de la fin des jours. Promets-moi une chose, pour quand je ne serai plus de ce monde.

— Parlez, Père, parlez ! répondit Luther pâlissant, je vous jure d'obéir.

— Promets-moi, mon fils, (et rapporte à ta mère cette promesse solennelle), promets-moi de faire offrir aux héritiers Blaisdell, ou la restitution de leur ferme, ou un supplément de prix tel que l'estimeront trois honnêtes experts.

— Oui, Père ; je le jure !

— Vous m'entendez tous, compagnons ! vous êtes témoins ?

— Nous le sommes, répondirent les chasseurs étonnés.

— Très-bien ! c'est assez. Mes comptes sont réglés maintenant ; je suis prêt. Partons !

Ils marchèrent en silence jusqu'au plus prochain campement, allumèrent leur feu, et firent un glorieux souper de moose, puis, ils se couchèrent. Seul le Brigadier ne put s'endormir : après s'être agité vainement dans son lit jusqu'après minuit, il se leva, ranima le feu et s'assit à côté du foyer sur une grosse pierre. Sa rêverie fut bientôt troublée par les mêmes sons plaintifs et lointains que le vent de la nuit apportait par intervalles.

Poussé par une invincible curiosité, le vieillard prit son fusil et s'avança dans la direction de la voix mystérieuse. La clarté des étoiles scintillant dans un ciel glacé suffisait pour guider sa marche aventureuse. Au bout de quelques minutes il distingua le hurlement d'un chien ; peu à peu les sons se rapprochèrent ; il n'était plus qu'à un mille à peine de l'objet de ses recherches.

Cependant Luther, ne voyant pas revenir son père, s'était levé pour monter sur une éminence d'où il pouvait voir assez loin dans les environs ; aux mouvements de son jeune maître, le vieux Watch, déjà inquiet, se débattit pour rompre sa corde ; puis s'apercevant que Luther s'éloignait à la recherche de son père, le chien fidèle prit un tel élan que son lien fut brisé, et il s'élança en aboyant sur la voie du Brigadier.

Ce bruit subit éveilla les dormeurs:

— Tonnerre! grommela Joë en se frottant les yeux, et en regardant autour de lui d'un air égaré; voilà-t-il pas ce damné chien et ses enragés de maîtres qui sont partis pour la chasse. Qu'est-ce qu'il y a encore? le vieux Mathusalem est toujours sur pied. Bob! eh! Bob!

— Bien! murmura la voix somnolente de Bob; qu'y a-t-il dans l'air, Joë?

— Je n'en sais rien; mais nous ferons bien d'aller voir.

Dès qu'ils eurent fait quelques pas, ils entendirent de nouveau le long et triste hurlement qui leur sembla beaucoup plus proche. Peu après les aboiements de Watch y répondirent; enfin la voix de Luther s'éleva dans le bois.

— Par ici, messieurs, par ici! nous voilà, Père!

Les deux Frazier s'élancèrent avec ardeur et arrivèrent presque en même temps que Luther. Au premier coup d'œil ils aperçurent le Brigadier agenouillé près d'un cadavre étendu sur la neige; à ses côtés Luther debout semblait pétrifié d'horreur ; à quelques pas un chien inconnu demi-couché sur la glace, le museau en l'air, hurlait d'une voix désolée.

Le cadavre était tourné la face contre terre, mais un seul regard apprit aux deux frères quel était ce mort. Sans prononcer une parole, ils tombèrent à genoux près du Brigadier... ils avaient reconnu leur frère Ned.

— Oh ! frère ! frère ! sanglota Joë d'une voix terrible.

Bob prit dans ses bras le corps déjà raide et glacé, et chercha les blessures en silence. Un mince filet de sang l'aida dans sa recherche ; Edouard avait reçu une balle dans le cœur.

Pendant que toute la troupe réunie tenait conseil au milieu d'une consternation générale, le Brigadier fouillait le terrain pour en tirer des renseignements. Tout autour du mort apparaissaient les traces d'une lutte violente : les souliers de Ned avaient laissé des empreintes bien marquées sur la neige ; la glace rompue en plusieurs endroits, des branches brisées éparses çà et là, tout annonçait les mouvements désespérés, les trépignements convulsifs d'une vraie bataille.

Watch courait partout flairant et cherchant à démêler les pistes : l'autre chien, fidèle compagnon du mort, ne voulut point quitter son maître et resta couché près de lui, refusant caresses et nourriture, et poussant par intervalles le long et sinistre hurlement déjà si souvent entendu.

— Ah ! s'écria enfin le Brigadier, en voilà un ! voyons donc ce que c'est.

Et il montra l'empreinte bien nette d'un pied : la seule peut-être qui fut aisée à étudier, toutes les autres étant confondues et entremêlées dans un inextricable désordre.

Chacun regarda avidement : c'était une empreinte de moccassin.

— Bien ! murmura le Brigadier ; juste ce que je craignais ! les indiens ont passé par là. Voilà une affaire entendue ; nous n'avons plus qu'à partir au plus vite.

Ce fut aussi l'avis des frères Frazier. Ils prirent leurs dispositions pour emporter le cadavre ; ensuite la petite troupe se mit en route pour ses foyers, renonçant tristement à la chasse.

Les frères Frazier jurèrent de découvrir le meurtrier et de le livrer à la justice, dussent-ils le poursuivre jusqu'au bout du monde.

— Vous avez raison, mes enfants, leur dit le Brigadier ; le Dieu vengeur du sang innocent sera avec vous ; il vous livrera l'assassin... mais comment allez-vous faire avec ce corps?

— Nous l'emporterons à la maison, si vous voulez nous prêter votre traîneau à deux places, et une paire de chevaux.

— Très-volontiers : Luther va passer devant pour tout préparer ; nous le suivrons de près, et chacun rentrera chez soi.

Quelques heures après la bande, naguère si joyeuse, suivait silencieusement la route qui ramenait au logis ; le Brigadier, préoccupé de sombres pensées, les frères Frazier, roulant des projets de vengeance.

Jusqu'à son arrivée chez lui, le Brigadier n'avait pas hésité à penser que Ned Frazier avait péri dans une querelle avec quelque indien du Canada. Cette hypothèse réalisait les pressentiments de mauvais augure que le vieillard avait exprimés, lorsque le jeune téméraire eut détruit le piége à moose qu'il avait précédemment rencontré.

Mais, en apprenant qu'après la scène violente dont Lucy avait été la cause involontaire, Burleigh et Édouard avaient disparu, sans que depuis lors on eût reçu de leurs nouvelles, le bon Brigadier fut agité de soupçons pénibles contre son jeune ami, le maître d'école.

Ce fut bien pis encore lorsque des rumeurs dignes de foi vinrent apprendre que Burleigh avait été vu courant en toute hâte vers le désert sur son cheval noir, et que sur un rayon de plus de cent milles on ne l'avait plus revu. Plus tard il fut rapporté que le jeune homme avait laissé chez un voisin son fusil à deux coups, et l'avait échangé contre une carabine. Enfin il fut constaté que le maître d'école, mettant de côté toutes ses chaussures civilisées, était parti chaussé de moccassins indiens, Luther lui-même l'avait remarqué pendant la chasse.

Le pauvre Oncle Jerry fut atterré : les soupçons semblaient se changer en horribles certitudes. Comme magistrat il devait ouvrir une information juridique, et provoquer des poursuites contre le meurtrier, alors même qu'il serait hors de sa juridiction.

Une pensée le consolait un peu : Burleigh ne pouvait être un assassin ! il avait probablement agi en cas de légitime défense, et n'avait tué son adversaire qu'en se voyant attaqué, pour protéger sa propre vie. N'avait-on pas entendu d'abord deux fusils ?.. c'était la provocation de Ned !... puis, un coup de carabine ?... c'était la riposte de Burleigh défendant son existence !...

Des semaines, des mois se passèrent: Burleigh ne reparut pas. En attendant, la médisance et la calomnie allaient leur train: la mort de Ned, le crime de Burleigh étaient racontés par toutes les bouches avec des variantes et des exagérations effroyables. La famille Frazier s'en mêla, demanda justice, cria vengeance contre Burleigh.

A la fin, l'autorité supérieure s'en émut, et un beau jour, ou plutôt un triste jour, un mandat de justice fut lancé, ordonnant « l'arrestation « d'Ira Burleigh prévenu de meurtre sur la per- « sonne d'Édouard Frazier. » Le même mandat, contenant son signalement et celui de son cheval, fut envoyé jusque dans le comté de Vermont où Burleigh avait été aperçu en dernier lieu.

Le désolé Brigadier, ses devoirs accomplis, se tenait mélancoliquement renfermé chez lui ; et depuis cette ténébreuse affaire la ferme de Blaisdell était devenue triste et silencieuse.

Le vieillard, la Tante Sarah, Lucy Day elle-même ne causaient que de l'absent.

Chose étrange ! « ce Burleigh » que, présent, elle avait repoussé, Lucy Day, la bizarre jeune fille, Lucy le pleurait jour et nuit, depuis sa disparition. Expliquera qui pourra ces oscillations de certains esprits féminins !... toujours est-il que la mort, en rayant Frazier du nombre des vivants, avait également effacé son souvenir de l'esprit de Lucy.

Quant à la Tante Sarah, elle avait toujours adoré Burleigh ; il était resté, envers et contre tous, son favori.

Les deux femmes, chaudement appuyées par Jerutha Jane Pope proclamaient donc sans cesse l'innocence de master Burleigh. Leur affectueuse obstination à cet égard réconfortait puissamment le Brigadier, qui au fond pensait comme elles.

— Oh ! oui, disait Lucy, remuant à peine ses lèvres pâles, et serrant l'une contre l'autre ses mains froides et tremblantes ; si son bras a tué, c'était pour se défendre : *l'autre* était dur et hautain... il a été l'agresseur ; je connais master Burleigh, et je sais mieux que vous. Grand-Père, mieux que personne, combien il est incapable d'une mauvaise action ! Je donnerais ma vie pour gage de son innocence.

— Patience! patience! répétait le Brigadier; s'il est innocent Dieu le défendra.

Et chacun, se recueillant dans la même pensée, poussait un profond soupir, puis gardait longuement le silence.

CHAPITRE IX

UN REVENANT

Six mois s'étaient écoulés depuis les événements qui viennent d'être rapportés. Histoires funèbres et mystérieuses, mandats de justice, inculpation de Burleigh, tout était oublié.

Si, parfois, quelque membre de la famille Frazier soulevait de nouveau cette question mystérieuse ; plus d'un auditeur secouait la tête en observant que les indiens du Canada se servaient tous de carabines, et que rien n'était prouvé contre Burleigh.

L'époque des moissons était arrivée, amenant avec elle des fêtes champêtres analogues aux réjouissances indiennes à l'occasion du *Grain nouveau*.

Par une belle journée d'août, l'Oncle Jerry, entouré de toute sa famille, présidait un gigantesque festin servi rustiquement, en plein air, sur le bord de la rivière. Déjà les plats circulaient, escortés de brocs pleins de cidre ou de bière ; les clameurs animées des convives commençaient leurs bruyants concerts. Tout-à-coup, le silence régna un instant et des cris retentirent :

— C'est lui ! c'est lui ! le voilà qui vient !

Et chacun regarda vers la lisière du bois. Le Brigadier se leva pour voir celui qu'on annonçait ainsi ; un nuage passa devant ses yeux, et il frissonna des pieds à la tête en apercevant debout à l'entrée d'une clairière, un jeune homme pâle, aux longs cheveux noirs, appuyé contre un arbre et portant sur son épaule une longue carabine.

— Fondez sur lui ! courez, mes enfants ! saisissez-le, mort ou vif ! s'écria le Brigadier.

Personne ne bougea. Quelques cris surgirent :

— Allez donc ! courage ! avez-vous peur ?

Le Brigadier se leva et marcha droit à lui. Au lieu de fuir, le nouveau venu fit la moitié du chemin et en s'approchant étendit la main ; puis, il la laissa retomber en murmurant d'une voix brisée :

— Non! Sir, Non! ma main ne touchera pas la vôtre avant que vous ayez reconnu mon innocence; je viens ici pour la démontrer.

Le jeune homme était pâle et défait; sa maigreur effrayante se trahissait sous ses vêtements noirs.

— Iry Burleigh! dit le vieillard, je suis affligé de vous voir. Que venez-vous faire ici?

— Vous! affligé de me voir? vous...! après avoir mis ma tête à prix, comme celle d'un assassin. Et pourtant vous me connaissiez bien! Oncle Jeremiah.

— Que pouvais-je faire? reprit le patriarche d'un ton triste et solennel; les apparences étaient contre vous..., et je suis magistrat.

— C'est vrai! aussi suis-je venu me livrer à vous, vieil ami, parce que j'ai vu votre signature au bas de ce papier menaçant, parce que je sais que vous êtes un magistrat intègre; je suis parti à l'instant où j'ai su que la justice me cherchait. et j'ai fait trois cents milles pour lui apporter ma tête... Je suis venu à vous parce que vous fûtes l'ami de mon père. — Ici sa voix fut altérée par un léger tremblement; mais bientôt il poursuivit d'un ton haut et ferme, en s'adressant à la foule:

— Soyez témoins, amis et frères ! que je me présente librement, volontairement, respectueux pour la loi, et que je m'abandonne à elle tout entier.

A ces mots il déposa sa carabine, son couteau de chasse, ses munitions aux pieds du Brigadier ; puis il tendit ses mains pour qu'on les liât de cordes si l'on voulait :

— Je ne vous demande à tous qu'une chose, ajouta-t-il, c'est de vous souvenir de la manière dont je viens d'agir...— Et maintenant je me demande si j'entendrai ici une voix amie...

Une jeune femme se leva éperdue et fendit la foule avec égarement.

— Oh ! sir ! oh ! sir !... oh ! Master Burleigh ! s'écria-t-elle en se jetant à genoux près de lui ; nous avons toujours eu foi en vous ! il n'y a jamais eu un soupçon dans notre âme !

Burleigh laissa tomber un douloureux regard, et leva les mains au ciel ; ensuite il appuya ses lèvres pâles sur le front de la jeune femme en murmurant.

— Lucy ! Lucy ! Dieu nous aide !

— Et, elle ! continua Lucy, en tournant ses yeux brillant d'une généreuse ardeur vers une autre jeune fille qui la suivait pleurant à chaudes larmes; elle n'a jamais douté de vous, jamais un seul instant.

— Vous aussi, Jerutha? chère enfant! vous n'avez donc pas oublié votre vieux maître.

— Oh! jamais! jamais! quand le monde entier vous renierait, je ne vous abandonnerais pas!

— Vous promettez beaucoup, Jerutha ; souvenez-vous de saint Pierre... Mais ayons confiance! Je me sens fort maintenant ; le jour est proche où mon innocence sera reconnue. Et je le dis bien haut, je le dis à tous! Aussi vrai que j'aspire au salut éternel, je suis étranger à la mort d'Edouard Frazier.

En même temps il promena autour de lui ses regards étincelants et inspirés.

La foule se répandit en cris divers, par dessus lesquels dominaient des acclamations sympathiques. Bientôt l'assemblée se dispersa sans terminer la fête ; chacun se hâtait de rapporter chez lui l'étrange incident qui avait marqué ce jour mémorable.

Burleigh fut retenu prisonnier ainsi qu'il l'avait demandé; l'information judiciaire commença sous la direction du Brigadier.

Les premiers interrogatoires roulèrent sur les

faits accusateurs précédemment connus : la querelle à Blaisdell ; l'altercation dans les bois ; les trois coups de feu, dont un dénonçait une carabine ; l'empreinte des moccassins ; la longue et inexpliquée disparition de Burleigh ; etc....

L'accusé ne fit aucun effort pour se défendre, et se contenta d'ajourner ses réponses au moment où il serait traduit devant les assises du Comté.

On lui conseilla de prendre un avocat ; plusieurs officieux se présentèrent ; il refusa doucement mais avec une fermeté inébranlable.

— J'ai mis en Dieu toute ma confiance, dit-il ; il connait mon innocence et la fera triompher.

L'instruction préliminaire ne fut pas longue. au bout de quelques jours, Burleigh fut conduit à la prison centrale pour comparaître aux prochaines assises du grand jury.

Son départ fut un deuil pour les habitants de la petite vallée ; quand on le vit, résigné et souriant, tendre ses mains aux chaînes, tous les yeux se mouillèrent de larmes ; lorsqu'il monta dans la lugubre charrette des prisonniers, escorté de deux shériffs, un cri déchirant s'éleva dans la foule, et le dernier regard de Burleigh aperçut Lucy qu'on emportait mourante.

Longtemps après que le triste convoi se fut perdu dans la poussière lointaine, les passants saluèrent affectueusement le Brigadier debout, tête nue, immobile et consterné, ne voyant autre chose que l'horizon sombre au fond duquel avait disparu le fils de son vieil ami. Jerutha pâle et froide à côté du patriarche pleurait silencieusement, le front dans la main de son père.

Un incident remarquable fit ressortir la loyauté de Burleigh. Lorsqu'il eut passé une nuit dans sa prison nouvelle, le geôlier vint le visiter :

— Mon ami, lui dit le jeune prisonnier, si j'avais voulu m'échapper, la chose eut été facile : venez voir.

Alors il le conduisit sous la cheminée, et lui montra le bleu du ciel qui se voyait parfaitement au travers d'un conduit spacieux et commode à escalader. Les grilles jadis établies pour prévenir des évasions, s'étaient descellées et pendaient le long de la muraille, offrant plutôt un point d'appui qu'un obstacle.

Le geôlier étonné s'empressa de le transférer dans une autre pièce : mais il se souvint longtemps de cet étrange captif qui repoussait même l'ombre de la liberté.

Le jour du jugement arriva enfin après une longue attente; Burleigh comparut devant le jury.

On lui demanda s'il avait un conseil.

— Non ! répondit-il, Dieu me défendra.

On lui demanda s'il voulait décliner la compétence du jury.

— A quoi bon ? répliqua-t-il avec un calme sourire, ne serai-je pas toujours jugé par des hommes ?

On s'informa de ses moyens de défense.

— Je suis innocent, dit-il, je le jure.

— Mais cette réponse ne suffit pas, observa l'Attorney; il faut des preuves.

— Quelles preuves ?

— Un *alibi*, par exemple.

— Ah ! c'est vrai, je n'y songeais pas. Je puis l'établir. Mais le jury voudra-t-il m'accorder un délai ?

— Autant qu'il sera nécessaire. Et des témoins à décharge...? pouvez-vous en fournir ?

— Des témoins...? oui ! mais il sont à Québec.

— C'est bien loin ; nous ne pourrons les contraindre à venir ici.

— Ils se rendront à ma demande. Que l'on veuille bien me donner de quoi écrire ; je vais leur adresser une lettre.

— Le jury renvoie les débats de cette affaire à quinzaine, dit le président ; il engage l'accusé à faire toutes les démarches utiles pour la manifestation de la vérité.

Le jour venu, Burleigh comparut de nouveau. Lecture fut donnée du bill d'accusation établissant les circonstances présumées du meurtre.

Burleigh affirma qu'il se présentait pour plaider « non coupable. »

On lui communiqua la liste des jurés pour qu'il pût exercer son droit de récusation.

Burleigh, sans même y jeter les yeux, la rendit au shériff.

Les juges se regardèrent avec étonnement ; on put lire dans leurs yeux qu'ils regardaient le prévenu comme privé de sa raison.

— Vos témoins ? lui demanda-t-on.

— Ils ne sont pas encore arrivés. Plaise à la cour m'accorder encore une semaine. A ce moment, si Dieu ne m'a pas suscité un défenseur, je serai prêt à mourir.

Les magistrats accordèrent le sursis demandé et Burleigh fut ramené à sa prison.

Six jours s'écoulèrent sans que personne vint le visiter dans la solitude de son cachot.

Le septième et dernier jour, on vint le chercher pour le conduire aux assises. En traversant la place publique, Burleigh vit une foule immense qui encombrait les abords du palais de justice. Du milieu de cette marée humaine dont les vagues s'agitaient sans cesse, il crut distinguer les visages amis du Brigadier et des membres de sa famille ; il crut un instant apercevoir quelque chose comme un signal partir d'un groupe plus rapproché : mais ces visions s'évanouirent et le prisonnier se retrouva seul, à la barre, en présence du glaive de la justice.

La séance fut ouverte, et le public admis dans la salle du jury.

Au lieu d'adresser à Burleigh les questions sacramentelles d'usage, le chef du jury donna la parole à l'Attorney général.

— Nous avons, dit-il, des renseignements de haute importance ; plaira-t-il à la cour d'en prendre connaissance ?

— La cour consent, répondit le président après avoir consulté le jury.

A ce moment, la chambre des témoins fut ouverte ; un long murmure parcourut l'assemblée.

Burleigh ouvrit les yeux qu'il tenait fermés, en regarda. Aussitôt une flamme de triomphe parut illuminer son pâle visage ; le sang afflua à ses joues ; il se leva d'un mouvement exalté et leva les mains au ciel en murmurant :

— Dieu tout-puissant ! merci !

Trois personnes s'avançaient lentement dans l'enceinte de la cour : un missionnaire catholique, un indien, et l'aîné des frères Frazier.

— Le jury est prié d'entendre le témoignage du R. P. Francis, missionnaire catholique Irlandais, dit l'Attorney général.

— Parlez, répondit le président en s'adressant au vénérable prêtre.

— « Depuis plusieurs années, dit ce dernier
» j'exerce mon ministère dans Québec et toute sa
» province. J'ai été longtemps attaché, comme
» professeur, au collège que les R.-P. Jésuites
» tiennent dans cette ville. Burleigh, mon cher
» Ira que voici, a été instruit dans cet établisse-
» ment dont il fut le meilleur élève. D'affec-

» tueuses relations ont continué jusqu'à ce jour
» entre lui et ses anciens maîtres qu'il visitait sou-
» vent lorsque le temps ou les distances le per-
» mettaient. J'affirme devant Dieu et devant la
» justice que Burleigh a passé auprès de nous, à
» Québec, tous les mois écoulés depuis le prin-
» temps dernier ; il n'a donc pu être le meurtrier
» de sir Édouard Frazier, puisqu'il ne se trouvait
» pas sur les lieux où est survenue la mort de ce
» dernier.

Le missionnaire, en finissant de parler, se pencha vers Burleigh et le serra dans ses bras.

L'assemblée toute entière fut agitée d'un long frémissement ; quelques hurrahs éclatèrent.

Le président, quoique visiblement ému, imposa silence, et donna de nouveau la parole à l'Attorney général.

Celui-ci demanda qu'on entendît la déclaration de l'indien.

C'était un guerrier Ottawas, aux traits durs mais francs et ouverts, à l'œil intelligent. Il s'avança, suivi de Frazier, et prit la parole en anglais inintelligible, malgré l'accent guttural avec lequel il le prononçait.

« — Les Ottawas marchaient sur le sentier de

» guerre, dit-il, dans le mois où les journées
» étaient courtes et les nuits longues. Un soir,
» notre jeune frère blanc, *Œil de Panthère* (Édouard
» Frazier), revenait d'une expédition avec les chas-
» seurs de moose. Il remontait la rive du Mada-
» waska lorsqu'un Penobscott se plaça devant lui.

» — Chien des Faces-Pâles! lui dit-il, tu as
» rongé la corde qui tendait mon piége! Quel
» droit avais-tu ?

» — Le droit de mon couteau de chasse, men-
» diant coureur de bois ! éloigne-toi de mon che-
» min, je déteste les bêtes puantes.

» Le Penobscott recula de quelques pas en ca-
» ressant le canon de sa carabine, dont il armait
» la batterie.

» *Œil de Panthère* était brave et ardent, il mit
» en joue et fit feu de ses deux coups.

» Le Penobscott tomba à la renverse ; *Œil de*
» *Panthère* continua sa route : mais quand il eut
» fait quelques pas, l'indien se releva comme un
» jeune pin qui se redresse, sa carabine partit, le
» jeune chef blanc s'affaissa sur lui-même, il avait
» reçu la balle dans le cœur.

» J'avais entendu les voix, les coups de feu, je
» bondis aussitôt vers les combattants ; mais j'ar-

» rivais trop tard. La carabine du Penobscott fu-
» mait encore à côté de son maître retombé
» mort.

» Le jeune savant aux longs cheveux noirs
» (Burleigh) n'était point là : ce n'est pas lui qui
» a tué *Œil de Panthère.* »

Bob Frazier prit à son tour la parole :

— « Je viens, dit-il, confirmer la déclaration
» que le jury a entendue. Le Père Francis m'a
» appris, il y a deux jours, la vérité que j'igno-
» rais, sur la mort de mon frère ; d'après les indi-
» cations du Révérend Père, je suis allé dans la
» tribu des Ottawas qui portait à Ned une grande
» amitié ; là, j'ai su que le meurtrier était un
» Penobscott, et aussitôt, pour obéir à la voix de
» ma conscience, je suis venu faire connaître
» devant la justice l'innocence de Burleigh, au-
» quel je demande pardon pour toutes les peines
» que lui a causées cette triste affaire. »

— Comment se fait-il, demanda le président
au missionnaire, que vos révélations soient si
tardives ; tellement que quelques jours plus tard
elles eussent pu devenir inutiles ?

— Depuis quelques semaines j'étais absent
pour une mission éloignée, répondit le bon Père ;

à mon retour seulement j'ai trouvé les lettres de Burleigh. Alors, plein de douleur, je me suis hâté de rechercher l'indien que la cour vient d'écouter ; un de nos missionnaires en visitant la tribu des Ottawas avait entendu le récit de cette funeste histoire, et grâce à Dieu m'en avait parlé à son retour. Jusqu'à ce moment, j'avais ignoré que des soupçons fussent dirigés sur Burleigh.

Après cette dernière explication, les débats furent clos. La sentence du jury ne pouvait être douteuse ; Burleigh fut déclaré « non coupable. »

Une formidable acclamation de joie reçut Burleigh, lorsque libre, il s'avança vers ses amis.

Ses yeux ne l'avaient pas trompé, au sortir de la prison; l'Oncle Jerry, la Tante Sarah, Lucy, Jerutha même et Luther, étaient venus, fidèles à leur ancienne amitié. Il courut à eux, chancelant de joie et d'émotion : le Brigadier le reçut dans ses bras, puis plaçant les deux mains de Lucy dans celles du jeune homme :

— Que la bénédiction de Dieu soit sur vous, mes enfants ! dit-il, votre bonheur sera la joie de ma vieillesse !

FIN.

TABLE DES MATIÈRES

Chapitres.	Pages.
I. — Un mystère	5
II. — Qu'est-ce que c'était ?	27
III. — Le pied fourchu.	57
IV. — Le campement	87
V. — La chasse	115
VI. — Bataille à mort	147
VII. — Complications.	177
VIII. — Catastrophe	197
IX. — Un revenant	211

FIN DE LA TABLE.

ABBEVILLE. — TYP. ET STÉR. GUSTAVE RETAUX.

A. DEGORCE-CADOT

ÉDITEUR-LIBRAIRE

9, rue de Verneuil. PARIS

VOIR D'AUTRE PART

LES EXTRAITS DU CATALOGUE

DES

DIFFÉRENTES COLLECTIONS

Le Catalogue général de la Librairie Degorce-Cadot est envoyé franco en réponse à toute demande affranchie.

EXTRAIT DU CATALOGUE DE LA LIBRAIRIE DEGORCE-CADOT

ROMANS A 3 FR 50 LE VOLUME

KOCK HENRY (DE)
Les Treize nuits de Jane................................. 1

VERON (PIERRE)
Le Panthéon de Poche................................. 1

L'AMBASSADEUR X...
Histoire secrète des Amours et des Amants de Catherine II... 1

UN AMI DE L'ABBÉ X...
Les Amours d'une Cosaque............................. 1

BLANQUET (ALBERT)
Le Parc aux Cerfs..................................... 1

ROMANS A 3 FR. LE VOLUME

	Vol.		Vol.
AIMARD (GUSTAVE)		Les Grottes d'Etretat......	1
Les Chasseurs mexicains, avec gravure...........	1	**FOUDRAS (MARQUIS DE)**	
Le Lion du desert, avec gr...	1	L'abbé Tayaut, avec gr....	1
Les Fils de la Tortue. 2ᵉ éd. avec gravure............	1	Saint-Jean Bouche d'Or, avec gravure............	1
L'Araucan, 2ᵉ éd. avec gr...	1	Les Misères dorées, avec gravure................	1
Dona Flor.................	1	Une Vie aventureuse, avec gravure................	1
CAPENDU (ERNEST)		Un Caprice royal..........	1
Le Tambour de la 32ᵉ demi-brigade................	3	Le Père la Trompette, avec gravure	1
Le Roi des Gabiers, avec gravure................	3	**GONDRECOURT (A. DE)**	
Bibi-Tapin	4	Le Secret d'une Veuve, avec gravure............	1
L'Hôtel de Niorres........	3	Les Jaloux, avec gr........	1
Une Reine d'Amour, avec gravure...............	1	Le Général Chardin, avec gravure................	1
Le Mât de Fortune, avec gravure	1	**SŒUR X...**	
Pour un Baiser, avec gr...	1	Les Mémoires d'une Religieuse	
Les Rascals..............	1	Le Couvent..............	1
Le capitaine Lachesnaye ..	1	La Défroquée............	1
Les secrets de Maître Eudes	1		
Le Baron de Grandair.....	1		

CH. PAUL DE KOCK.

LA GRANDE VILLE.

EXTRAIT DU CATALOGUE DE LA LIBRAIRIE DEGORCE-CADOT

COLLECTION
DES
ŒUVRES DE CHARLES PAUL DE KOCK
avec une gravure de la typographie Claye

2 francs le volume

SOUSCRIPTION PERMANENTE

	Vol.		Vol.
L'Amoureux transi	1	Flon, flon, flon Laridondaine	1
Mon ami Piffard	1	Les Nouveaux Troubadours	1
L'Ane à M. Martin	1	Le Petit-fils de Cartouche	1
La Baronne Blaguiskoff	1	La Grappe de groseille	1
La Bouquetière du Château-d'Eau	2	L'Homme aux trois culottes	1
Carotin	1	Maison Perdaillon et Cie	1
Cerisette	2	Le Riche Cramoisan	1
Les Compagnons de la Truffe	2	Un Jeune Homme mystérieux	1
Le Concierge de la rue du Bac	1	La Jolie Fille du faubourg	2
L'Amant de la Lune	3	Madame de Monflanquin	1
La Dame aux trois corsets	1	Madame Pantalon	1
La Demoiselle du cinquième	2	Madame Tapin	1
Les Demoiselles du magasin	2	Un mari dont on se moque	1
Une Drôle de maison	1	La Mariée de Fontenay-aux-Roses	1
Les Etuvistes	2	Ce Monsieur	1
La Famille Braillard	2	M. Cherami	1
La Famille Gogo	2	M. Choublanc	1
Les Femmes, le Jeu et le Vin	1	Papa Beau-Père	1
Une Femme à trois visages	2	Le Petit Bonhomme du coin	1
La Fille aux trois jupons	1	La Petite Lise	1
Friquette	1	Les Petits Ruisseaux	1
Une Gaillarde	2	La Prairie aux coquelicots	1
La Grande Ville	1	Le Professeur Ficheclaque	2
Taquinet le Bossu	1	Sans-Cravate	1
Paul et son chien	1	Le Sentier aux prunes	1
Les époux Chamoureau	1	Madame Saint-Lambert	1
Le Millionnaire	1	Benjamin Godichon	1
Le Petit Isidore	1	L'Amour qui vient et l'Amour qui passe	1

Il est tiré de chaque ouvrage *cent exemplaires* sur très beau papier de Hollande, avec couverture parchemin glacé, de l'imprimerie *Jouaust*, et gravure sur Chine, à 5 fr. le volume.

EXTRAIT DU CATALOGUE DE LA LIBRAIRIE DEGORCE-CADOT

ŒUVRES COMPLÈTES
DE
PIGAULT-LEBRUN
A 2 FR. LE VOLUME
ÉDITION ILLUSTRÉE.

ONT PARU A CE JOUR :

Monsieur Sans-Souci......	Dessins de Hadol	1
L'Heureux Jérôme.......	—	1
Monsieur Botte.........	—	1
Les Barons de Felsheim...	—	1
Le Mouchard.........	—	1
La Folie espagnole......	—	1
La Folie Française......	—	1
Les Mémoires de Fanchette.	—	1
Angélique et Jeanneton ...	—	1
Monsieur trop complaisant.	Dessins de Morland	1
Mon oncle Thomas	Dessins de A. Michele	1
La petite sœur Éléonore ..	—	1
Adolphe Luceval	Dessins de Morland	1
Consolation aux Laides ...	Dessins de A. Michele	1
Le Coureur d'aventures ...	Dessins de Morland	1
Un de plus..........	—	1
Tant va la cruche à l'eau...	—	1

Jusqu'à ce que la collection entière ait été publiée, il paraîtra un volume chaque mois.

LES QUATRE BAISERS

par Henry de Kock

DEGORCE-CADOT
Éditeur

EXTRAIT DU CATALOGUE DE LA LIBRAIRIE DEGORCE-CADOT

COLLECTION DES ŒUVRES DE HENRY DE KOCK

(Ch. PAUL DE KOCK Fils.)

A 3 FR. 50 LE VOLUME

Les Treize Nuits de Jane... 1

A 3 FR. LE VOLUME.

Mademoiselle ma femme... 1

A 2 FR. LE VOLUME

Les Hommes volants, avec gravure........................ 1
Comment aimait une grisette, avec gravure......... 1
Ninie Guignon, avec gravure.................................. 1
La Fée aux Amourettes, avec gravure.................... 1
Marianne (Démon de l'Alcôve), avec gravure....... 1
Les Quatre baisers, avec gravure........................... 1
Une Coquine, avec gravure..................................... 1
Ma petite Cousine, avec gravure............................ 1
Je me tuerai demain, avec gravure......................... 1
Mademoiselle Croquemitaine 1

A 1 FR. 25 LE VOLUME

Beau Filou... 1
L'Auberge des Treize Pendus.................................. 2
L'Amant de Lucette... 1
Les Mystères du Village... 2
La Dame aux Emeraudes.. 1
Les Femmes honnêtes.. 1
La Tribu des Gêneurs.. 1
Minette... 1
Morte et Vivante.. 1
Les Amoureux de Pierrefonds.................................. 1
Bibi et Lolo.. 1
Les Consolations de Bibi... 1
Courses aux Amours.. 1

ALBERT BLANQUET.

EXTRAIT DU CATALOGUE DE LA LIBRAIRIE DEGORCE-CADOT

COLLECTION

A 2 FR. LE VOLUME

ASSOLANT (ALFRED)
Vol.
La Confession de l'abbé Passereau. 1

AIMARD (GUSTAVE)
Une vendetta mexicaine, avec gravures................ 1

CAPENDU (ERNEST)
Les Coups d'Epingle........... 1
Le Chat du Bord.............. 1
Blancs et Bleus................ 1
La Mary-Morgan.............. 1
Un vœu de Haine............. 1

DAUDET (ERNEST)
Les douze Danseuses de Lamöle. 1

MARQUIS DE FOUDRAS
Suzanne d'Estouville........... 2
Un Caprice de Grande Dame :
Madeleine pécheresse........... 1
Madeleine repentante........... 1
Madeleine relevée.............. 1

GONDRECOURT (A. DE)
Le Sergent la Violette.......... 1

LAVERGNE (ALEX. DE)
Vol.
Le Lieutenant Robert........... 1
Epouse ou Mère................ 1

XAVIER DE MONTÉPIN
Un Drame en famille, avec gravure...................... 1
La Duchesse de la Tour du Pic, avec gravure................. 1
Maurice le Mahé, avec gravure. 1
Un Amour de Grande Dame, avec gravure...................... 1
L'agent de police.............. 1
La Traite des Blanches........ 1

PESSARD (HECTOR)
Les Gendarmes................ 1

PRADEL (GEORGES)
Plaisir d'Amour............... 1

QUINET (Mme EDGAR)
Mémoires d'exil............... 1

Nota bene. Voir les romans de Ch. Paul de Kock, de Pigault-Lebrun et de Henry de Kock aux pages spéciales pour chacun de ces auteurs.

EXTRAIT DU CATALOGUE DE LA LIBRAIRIE DEGORCE-CADOT

COLLECTION DES ROMANS

A 1 FR. 25 LE VOLUME

BERTHET (ÉLIE)

	Vol.
Le Démon de la Chasse	1
Le Capitaine Rémy	1
La Bête du Gévaudan	2
Le Garde-Chasse	1
Le Val d'Andorre	1
La Dernière Vendetta	1
Le Colporteur et la Croix de l'affût	1
Le Bon vieux temps	1
Le Gentilhomme Verrier	1
La Tour du Télégraphe	1
La Directrice des postes	1
Antonia	1
Le Juré assassin	1
L'Homme des bois	1
Le Fauconnier	1
Denise Blanchard	1
Mademoiselle Duranci	1

BILLAUDEL (ERNEST)

Par-dessus le mur	1
Histoire d'un Trésor	1
Un Mariage légendaire	1
Une Femme fatale	1
Ma Tante Lys	1

BOULABERT (JULES)

La Fille du Pilote	3
Les Catacombes sous la Terreur	2
Le Fils du Supplicié	2
La Femme bandit	4
Les Amants de la Baronne	2

CAPENDU (ERNEST)

Mademoiselle la Ruine	2
Les Colonnes d'Hercule	1
Arthur Gaudinet	2
Surcouf	1

CHARDALL (LUC)

Les Vautours de Paris	2

CHARDALL (LUC) Suite

	Vol.
Le Bâtard du Roi	1
Jarretières de Madame de Pompadour	1
Trois Amours d'Anne d'Autriche	1
Le Capitaine Dix	1
Geneviève la Rouge	1

CHATEAUBRIAND (DE)

Tous les volumes ornés de gravures sur acier.

Atala et René	1
Les Natchez	2
Génie du Christianisme	2

DESLYS (CHARLES)

Le Canal St-Martin	2
Le Mesnil-au-Bois	1
La Marchande de Plaisirs	1

DUPLESSIS (PAUL)

Juanito le Harpiste	1
Les Peaux-Rouges	1
Les Etapes d'un Volontaire	4
L'illustre Polinario	1
Aventures mexicaines	1
Les Grands Jours d'Auvergne	4
La Sonora	2
Les Boucaniers	4
Une fortune à faire	1

FOUDRAS (MARQUIS DE)

Madame Hallali	1
Lord Algernon	2
Jacques de Brancion	2
La Comtesse Alvinzi	1
Madame de Miremont	1
Soudards et Lovelaces	1

EXTRAIT DU CATALOGUE DE LA LIBRAIRIE DEGORGE-CADOT

COLLECTION DES ROMANS

A 1 FR. 25 LE VOLUME (suite).

GONDRECOURT (A. DE)
	Vol.
Mademoiselle de Cardonne	1
Le Légataire	1
Le Baron La Gazette	2
Un Ami diabolique	1
Le Bout de l'oreille	3
Médine	2
Le Rubicon	1

LANDELLE (DE LA)
Les Iles de Glaces	2
Les Géants de la Mer	4
Haine à bord	1

MONTÉPIN (XAVIER DE)
La Perle du Palais-Royal	1
La Fille du Maître d'école	1
Le Compère Leroux	1
Un Brelan de Dames	1
Les Valets de Cœur	1
La Comtesse Marie	1
L'Officier de fortune	2
La Sirène	1
Viveurs d'autrefois	1
Les Amours d'un Fou	1
Pivoine	1
Mignonne	1
Geneviève Galliot	1
Les Chevaliers du Lansquenet	4
Les Viveurs de Paris	4
Les Viveurs de Province	3

NOIR (LOUIS)
Jean Chacal	3
Le Coupeur de Têtes	1
Le Lion du Soudan	2
Le Corsaire aux Cheveux d'or	2
Sous la tente	1

	Vol.
Les Goelans de l'Iroise	2
Le Pavé de Paris	1
Les Peuplades Algériennes	1

PERCEVAL (VICTOR)
Béatrix	1
Un Excentrique	1
Un Amour de Czar	1
La plus laide des Sept	1
La Pupille du Comédien	1
Une femme dangereuse	1
La Contessina	1

SUE (EUGÈNE)
Plick et Plock	1
La Salamandre	1
La Coucaratcha	3
Les Sept péchés capitaux	5
Les Mystères de Paris	4
Paula Monti	1
Latréaumont	1
Le Commandeur de Malte	1
Thérèse Dunoyer	1
Le Juif-Errant	4
Miss Mary	1
Mathilde	1
Deux Histoires	2
Arthur	3
La Famille Jouffroy	3
Le Morne au Diable	2
La Vigie de Koat-Ven	2
Les Enfants de l'Amour	1
Mémoires d'un Mari	2
Fils de Famille	2

etc., etc., etc.

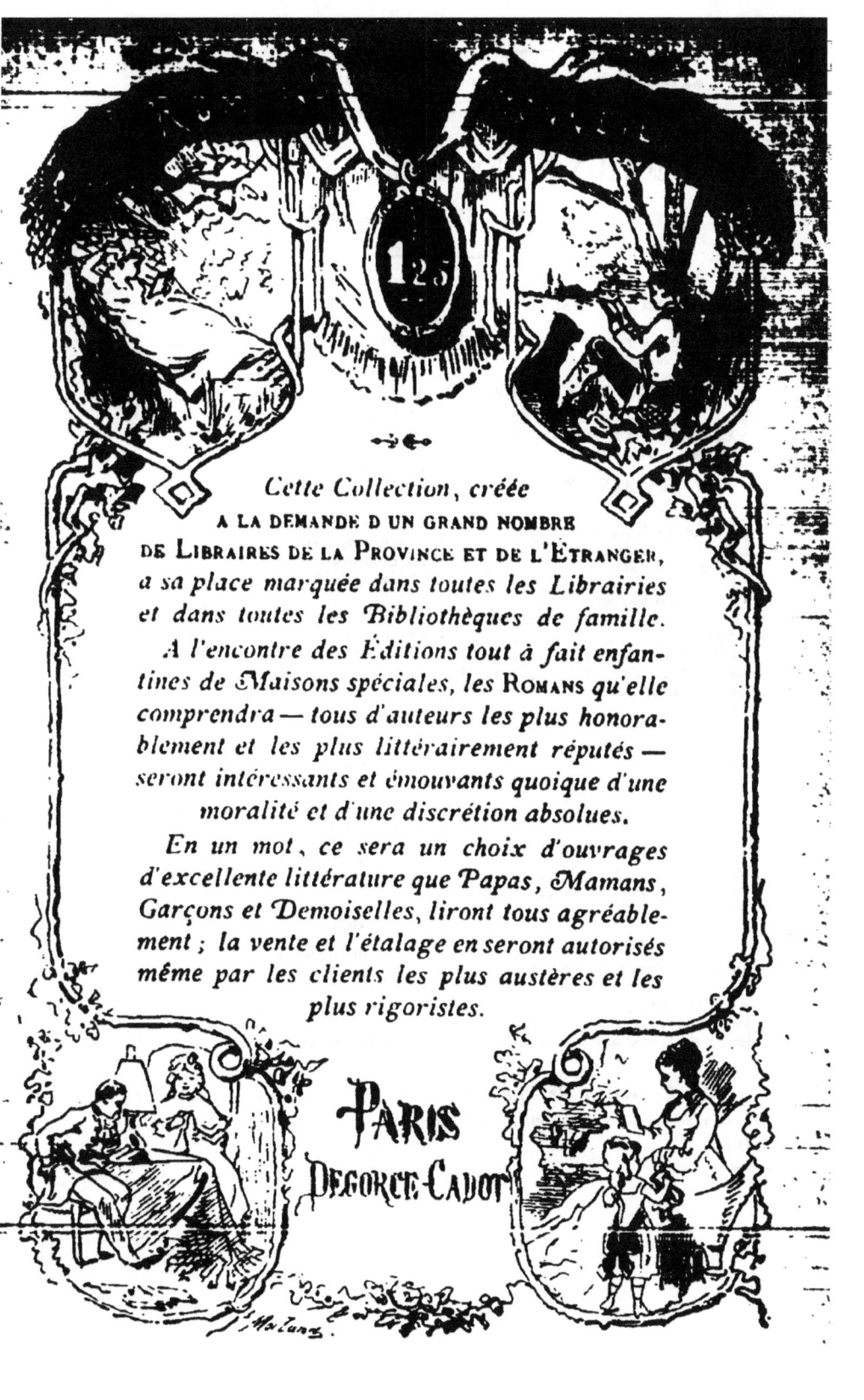

EXTRAIT DU CATALOGUE DE LA LIBRAIRIE DEGORCE-CADOT

COLLECTIONS DES ROMANS HONNÊTES
A 1 FR. 25 LE VOLUME.

MADAME V. ANGELOT
Vol.
Un Nœud de rubans............ 1
Georgine..................... 1

BERNARDIN DE ST-PIERRE
Paul et Virginie, suivi de la Chaumière indienne (avec gravures)....................... 1

BERTHET (ÉLIE)
Le Capitaine Remy............. 1
La Bête du Gévaudan........... 2
Les Mystères de la Famille..... 1
Le Garde-Chasse............... 1
Le Val d'Andorre.............. 1
La Dernière Vendetta.......... 1
Le Colporteur et la Croix de l'affût...................... 1
Le Gentilhomme verrier........ 1
La Tour du Télégraph.......... 1
La Directrice des postes...... 1
Antonia....................... 1
Le Juré assassin.............. 1
Le Fauconnier................. 1
Denise Blanchard.............. 1
Mademoiselle Duranci.......... 1
L'Homme des bois.............. 1
La Route du Mal............... 1

BILLAUDEL (ERNEST)
La Mare aux Oies.............. 1
Un Mariage légendaire......... 1
Ma Tante Lys.................. 1

CHATEAUBRIAND (DE)
Tous les volumes sont ornés de gravures sur acier
Atala et René................. 1
Les Natchez................... 2
Génie du Christianisme........ 2

DESLYS (CHARLES)
Vol.
Le Mesnil-au-Bois............. 1

GONDRECOURT (A. DE)
Mademoiselle de Cardonne......
Le Légataire..................
Le Baron La Gazette...........
Un Ami diabolique.............
Le Rubicon....................

POUDRAS (MARQUIS DE)
Lord Algernon................. 1
Jacques de Brançion........... 2
La Comtesse Alvinzi........... 1
Madame de Miremont............ 1

LANDELLE (DE LA)
Les Iles de Glaces............ 2
Une Haine à bord.............. 1
Surcouf....................... 1

LE TASSE
La Jérusalem délivrée......... 1

PERCEVAL (VICTOR)
Béatrix....................... 1
Un Excentrique................ 1
La Plus laide des Sept........ 1

MADAME RATTAZZI
Si j'étais Reine.............. 1
Le Rêve d'une Ambitieuse...... 1
Nice la Belle.................

ROBERT (ADRIEN)
Les Diables roses............. 1

THIERY (VICTOR)
La Dame au Poulet............. 1

Cette Collection de Romans, à la fois *intéressante* et **honnête**, s'augmente mensuellement de deux ou trois volumes.

EXTRAIT DU CATALOGUE DE LA LIBRAIRIE DEGORGE-CADOT

BIBLIOTHÈQUE DE BONS ROMANS ILLUSTRÉS

FORMAT GRAND IN-4°

AIMARD (GUSTAVE.)

Le Fils du Soleil, 2 séries... 1 20
Une poignée de Coquins, 3 séries.................. 1 80
Le Loup Garou, 3 séries..... 1 80
Pris au Piége, 3 séries...... 1 80
Les Fouetteurs de femmes, 3 séries.................. 1 80
La Revanche, 3 séries....... 1 80

ANCELOT (MADAME V).

Laure, 2 séries............. 1 20
La Fille d'une joueuse, 2 séries.................. 1 20

ANONYME.

Mémoires secrets du duc de Roquelaure, 8 séries 4 80
1re et 2e sér. br. ensemble..⎫
3e et 4e   —   —   — ⎬ 1 20
5e et 6e   —   —   — ⎪
7e et 8e   —   —   — ⎭

BAUCHERY (ROLLAND).

Les Bohémiens de Paris, 3 séries 1 80

BERNARDIN DE SAINT-PIERRE.

Paul et Virginie 1 série...... » 60
La Chaumière indienne, 1 série.................. » 60

BERTHET (ÉLIE).

Mademoiselle de la Fougeraie, 1 série................ » 60
L'Oiseau du désert, séries.. 1 20
Paul Duvert, 1 série........ » 60
L'Incendiaire, 1 série....... » 60
Le Val d'Andore, 1 série ... » 60
M. de Blangy et les Rupert, 1 série................ » 60
Les Chauffeurs 3 séries..... 1 80
Le Château de Montbrun, 2 séries.................. 1 20

La Directrice des postes, 2 séries.................. 1 20
La Folie des Pyrénées, 2 séries.................. 1 20
L'assassin du percepteur, 2 séries.................. 1 20
Le Braconnier, 2 séries...... 1 20
La Félonie, 2 séries......... 1 20
La Mésalliance, 2 séries..... 1 20
La Faillite, 2 séries......... 1 20

BILLAUDEL (ERNEST).

Un mariage légendaire, 1 série.................. » 60
La Femme fatale, 1 série.... » 60
Les Vengeurs de Lorraine, 2 séries.................. 1 20
Miral, 2 séries............. 1 20

BLANQUET (ALBERT).

Le Parc aux Cerfs, 2 séries... 1 20
Un Sérail royal, 3 séries..... 1 80
De Triomphe de Mlle Diane, 2 séries.................. 1 20

BOULABERT ET PHILIPPE BOLLA.

La Franc-Maçonnerie des Voleurs.................. 1 80

BOISGOBEY (F. DU).

L'Empoisonneur, 3 séries.... 1 80
La Tête de mort, 3 séries.... 1 80
La Toile d'araignée, 3 séries. 1 80
La Bande rouge 3 séries..... 1 80
Un Drame sur la Seine, 2 séries.................. 1 20
La Muette qui parle, 2 séries. 1 20

BOULABERT (JULES).

La Femme bandit, 6 séries... 3 60
Le Fils du supplicié, 3 séries. 1 80
La Fille du pirate, 2 séries... 1 20

EXTRAIT DU CATALOGUE DE LA LIBRAIRIE DEGORCE-CADOT

Les Catacombes sous la Terreur, 3 séries 1 80
Les Amants de la baronne, 3 séries 1 80
Luxure et Chasteté, 2 séries. 1 20

CAPENDU (ERNEST).

Mademoiselle la Reine, 3 séries 1 80
Le Pré Catelan, 2 séries.... 1 20
Capitaine Lachesnaye, 3 séries 1 80
Les Grottes d'Etretat, 3 séries 1 80
Surcouf, 1 série .... » 60
La Mère l'Etape, 3 séries... 1 80
La Tour aux Rats, 2 séries. 1 20
La Sire de Lustupin, 2 séries 1 20

CAUVAIN (JULES).

Le Voleur de diadème..... 1 80

CHARDALL.

Le Bâtard du roi, 2 séries.. 1 20
Les Jarretières de Mᵐᵉ de Pompadour, 2 séries..... 1 20
Trois Amours d'Anne d'Autriche, 2 séries......... 1 20
Capitaine Dix, 2 séries..... 1 20
Les Vautours de Paris, 3 séries 1 80

CHATEAUBRIAND.

Les Natchez, 4 séries...... 2 40
Atala, 1 série............ » 60
René, le dernier des Abencérages, 1 série........... » 60
Les Martyrs, 3 séries...... 1 80
Itinéraire de Paris à Jérusalem, 3 séries 1 80

DESLYS (CHARLES).

Le Canal Saint-Martin, 3 séries 1 80
Le Compagnons de minuit, 2 séries 1 20
La Marchande de plaisirs, 1 série .... » 60

L'Aveugle de Bagnolet, 1 série .... » 60
Le Mesnil-au-Bois, 1 série. » 60

DOMINIQUE (A.).

Les Evadés de Cayenne, 2 séries 1 20
La Pupille du Forçat, 3 séries 1 80

DULAURE.

Les Deux Invasions (1814-1815), avec préface de JULES CLARETIE, 4 doubles séries à 1 20...... 4 80
Le Crime d'Avignon, 1 série .... » 60
Les Tueurs du Midi, 1 série .... » 60
Les Jumeaux de la Réole, 2 séries 1 20
L'Assassinat de Rodez (Affaire Fualdès) 1 série.... » 60

DUPLESSIS (PAUL).

Les Boucaniers, 5 séries.... 3 »
Maurevert l'Aventurier, 2 séries 1 20
Les deux Rivales, 2 séries.. 1 20
Les Etapes d'un volontaire, 5 séries .... 3 »
Les Batteurs d'estrade, 5 séries .... 3 »
Les Mormons, 4 séries..... 2 40

FABRE D'OLIVET.

Le Chien de Jean de Nivelle, 2 séries 1 20

FÉRÉ (OCTAVE).

La Bergère d'Ivry, 3 séries. 1 80

FOUDRAS (MARQUIS DE).

La Comtesse Alviozi, 2 séries 1 20
Madeleine pécheresse, 3 séries 1 80
Madeleine repentante, 2 séries 1 20

EXTRAIT DU CATALOGUE DE LA LIBRAIRIE DEGORCE-CADOT

Madeleine relevée, 2 séries.. 1 20

GONDRECOURT (A. DE).

Les Péchés Mignons, 4 séries.................. 2 40
Les Jaloux, 3 séries...... 1 80
Mademoiselle de Cardonne, 2 séries.................. 1 20
Le dernier des Kerven, 3 séries.................... 1 80
Le Chevalier de Pampelonne, 2 séries............. 1 20
Régicide par Amour, 1 série................... » 60
Les Cachots de la Bastille, 3 séries................. 1 80
Une Vengeance de Femme, 2 séries................ 1 20
Madame de Trèbes, 2 séries. 1 20
Pierre Leborgne, 1 série... » 60

CAMILLE GROS.

Les Camisards, 2 séries.... 1 20

KOCK (PAUL DE).

L'Amant de la Lune (en théâtre), 1 série........ » 60
Le petit Bonhomme du coin, 1 br.................. » 75
Maison Perdaithon et fils... » 75
Le riche Cramoisan ...... » 75
Flon, flon, flon Lariradondaine............... » 75

KOCK (HENRY DE).

La Fille à son père, 1 série.................... » 60
Le Démon de l'Alcôve, 1 série................... » 60
Les Baisers maudits, 1 série.................... » 60
La Tigresse, 2 séries...... 1 20
L'Amant de Lucette, 1 série................... » 60
Le Médecin des Voleurs, 4 séries................. 2 40
Ni Fille, ni Femme, ni Veuve, 1 série.............. » 60

Les Trois Luronnes, 3 séries.................... 1 80
L'Auberge des Treize Pendus, 3 séries............. 1 80
Les Mystères du village, 2 séries................. 1 20
L'Heure du Berger, 1 série. » 60

LABOURIEUX.

L'Ouvrier Gentilhomme, 2 séries................ 1 20

LANDELLE (GUSTAVE DE LA).

Les Géants de la mer, 4 séries................. 2 40
Reine du Bord, 3 séries... 1 80
Une Haine à bord, 2 séries. 1 20
Les Iles de glace, 3 séries.. 1 80

LAVERGNE (ALEXANDRE DE).

Le Lieutenant Robert, 2 séries.................... 1 20
Epouse ou Mère, 2 séries.. 1 20

MAIMBOURG (LE P.).

Les Croisades, 4 doubles séries à 1 fr. 20.......... 4 80

MÉRY.

Un Carnaval à Paris, 2 séries.................... 1 20

MEUNIER (ALEXIS).

Le Comte de Soissons, 2 séries.................... 1 20

MONTÉPIN (XAVIER DE).

Les Viveurs de Province, 4 séries................. 2 40
Le Loup Noir, 1 série..... » 60
Les Amours d'un fou, 2 séries.................... 1 20
Les Chevaliers du lansquenet, 7 séries........... 4 20
La Sirène, 1 série .... » 60
L'Amour d'une pêcheresse, 1 série.............. » 60
Un Gentilhomme de grand chemin, 3 séries....... 1 80
Confession d'un bohème, 3 séries................ 1 80

EXTRAIT DU CATALOGUE DE LA LIBRAIRIE DEGORCE-CADOT

Le Vicomte Raphaël, 2 séries......	1 20
La Fatalité, 1 série......	» 60
Les Oiseaux de nuit, 3 séries......	1 80
Compère Lereux, 1 série...	» 60
La Borghetta, 1 série......	» 60

NOIR (LOUIS).

Le Coupeur de têtes, 4 séries......	2 40
Le Lion du Soudan, 4 séries......	2 40
Jean qui tue, 4 séries......	2 40
Jean Chacal, 2 séries......	1 20
Le Roi des Jungles, 3 séries......	1 80
La Tombe ouverte, 2 séries.	1 20
La Folle de Quiberon, 3 séries......	1 80
Grands jours de l'armée d'Afrique, 3 séries......	1 80
Campagnes de Crimée, 12 séries à 50 c......	6 »
Campagne d'Italie, 6 séries à 50 c......	3 »
Le Corsaire aux cheveux d'or, 3 séries......	1 80

PERCEVAL (VICTOR).

Blanche, 1 série......	» 60
La plus laide des Sept, 2 séries......	1 20
Régina, 2 séries......	1 20
Béatrix, 1 série......	» 60
Un Excentrique, 1 série....	» 60

PERRIN (MAXIMILIEN).

Les Mémoires d'une Lorette, 2 séries......	1 20
Le Bambocheur, 2 séries...	1 20

PIGAULT-LEBRUN.

Sans-Souci......	» 75
L'homme à projets......	» 75
L'art de faire un mari.....	» 75
Un de plus......	» 75
Tant va la cruche à l'eau...	» 75
Mon oncle Thomas......	1 »
La petite sœur Eléonore....	1 »
Adolphe Luceval......	1 »
Consolation aux Laides....	1 »
La Folie Espagnole......	» 75
De plus fort en plus fort....	» 75

PREVOST (L'ABBÉ).

Manon Lescaut, 1 série....	» 60

ROLLA (UN OFFICIER D'ÉTAT-MAJOR).

Crimes et Folies en l'année terrible, 2 doubles séries à 1 fr. 20......	2 40

RIEUX (JULES DE).

Ces Messieurs et ces Dames, 2 séries......	1 20

ROUQUETTE.

Ce que coûtent les Femmes.	1 20

ROUQUETTE ET FOURGEAUD.

Les Drames de l'amour, 2 séries......	1 20

ROUQUETTE ET MORET.

Le Médecin des femmes, 3 séries......	1 80

VADALLE (DE).

L'Homicide d'Auteuil, 3 séries......	1 80

VIDOCQ.

Les Vrais Mystères de Paris, 4 séries......	2 40

VOLTAIRE.

Candide, 1 série......	» 60

La collection complète des œuvres de Pigault-Lebrun sera terminée en 1878.

BIBLIOTHÈQUE HISTORIQUE

GARNIER PAGÈS
HISTOIRE DE LA RÉVOLUTION DE 1848

3 beaux vol. in-4°, ornés de nombreuses gravures. 16 fr. 50

1re PARTIE : LA RÉVOLUTION DE 1848 EN FRANCE. 2 vol...... 10 »
2e PARTIE : DANS L'EUROPE DU NORD. 1 vol............... 4 »
3e PARTIE : EN ITALIE.. 2 50

Cet ouvrage forme 33 séries à 50 centimes qui se vendent séparément.

ADOLPHE MICHEL, RÉDACTEUR DU SIÈCLE

HISTOIRE
DE LA
TROISIÈME RÉPUBLIQUE FRANÇAISE
1870-1871
AVEC PRÉFACE D'EDGAR QUINET

Deux beaux volumes in-8°, avec gravures sur papier teinté, cartes, plans, etc., etc. 10 fr.

Cet ouvrage forme trente trois fascicules à 25 centimes.

ERNEST HAMEL
HISTOIRE DU SECOND EMPIRE
PRÉSIDENCE DE LOUIS-NAPOLÉON-BONAPARTE

Un volume in-4°, illustré....................... 5 fr.

Cet ouvrage forme 42 livraisons à 10 centimes.

E. GELLION-DANGLAR
HISTOIRE DE LA RÉVOLUTION DE 1830
PRÉCÉDÉE DE LA FIN DE
L'HISTOIRE DE LA RESTAURATION

Un fort volume in-8°.......................... 5 fr.

UN OFFICIER D'ÉTAT-MAJOR
HISTOIRE DU SIÉGE DE PARIS

1re PARTIE : AVANT LE SIÉGE. Effondrement de l'Empire.... 2 »
2e PARTIE : LE SIÉGE DE PARIS PAR LES PRUSSIENS........... 5 »
3e PARTIE : PARIS-COMMUNE, le siège Versaillais........... 2 50

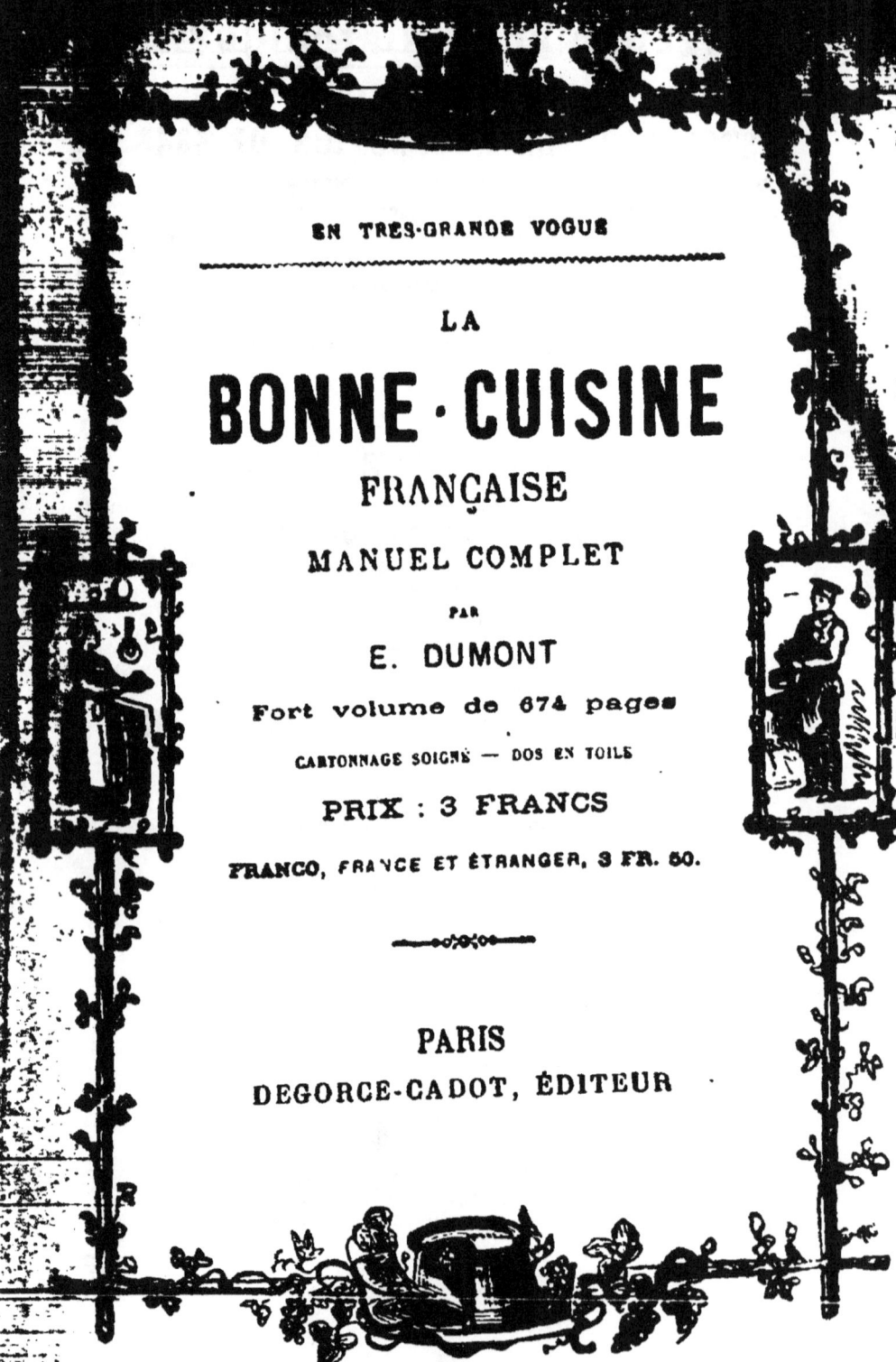

EN TRÈS-GRANDE VOGUE

LA
BONNE·CUISINE
FRANÇAISE
MANUEL COMPLET

PAR

E. DUMONT

Fort volume de 674 pages

CARTONNAGE SOIGNÉ — DOS EN TOILE

PRIX : 3 FRANCS

FRANCO, FRANCE ET ÉTRANGER, 3 FR. 50.

PARIS
DEGORCE-CADOT, ÉDITEUR

LA
VIE PROLONGÉE

CONSEILS AUX GENS DU MONDE

AGE CRITIQUE — NOUVELLE JEUNESSE

PAR

LE DOCTEUR GUYÉTANT

Chevalier de la Légion d'honneur,
Membre de l'Académie de médecine de Paris, etc., etc.

A. DEGORGE-CADOT

ÉDITEUR

9, rue de Verneuil

PARIS

644. — Abbeville. — Typ. et stér. G. Retaux.

www.ingramcontent.com/pod-product-compliance
Lightning Source LLC
Chambersburg PA
CBHW070528170426
43200CB00011B/2361